知 乎

吴克敬 / 著

陕西师范大学出版总社

图书代号：WX19N1077

图书在版编目(CIP)数据

知乎/吴克敬著.—西安：陕西师范大学出版总社有限公司，2019.7
ISBN 978－7－5695－0919－9

Ⅰ.①知… Ⅱ.①吴… Ⅲ.①散文集－中国－当代 Ⅳ.①I267

中国版本图书馆CIP数据核字（2019）第135811号

知 乎 ZHIHU

吴克敬 著

出版统筹	刘东风　郭永新
策划编辑	姚蓓蕾
责任编辑	王丽敏
责任校对	张　姣
封面设计	张潇伊
出版发行	陕西师范大学出版总社
	（西安市长安南路199号　邮编710062）
网　　址	http://www.snupg.com
印　　刷	陕西龙山海天艺术印务有限公司
开　　本	787mm×1092mm　1/32
印　　张	8.75
插　　页	4
字　　数	139千
版　　次	2019年7月第1版
印　　次	2019年7月第1次印刷
书　　号	ISBN 978－7－5695－0919－9
定　　价	49.00元

读者购书、书店添货或发现印刷装订问题，请与本公司营销部联系、调换。
电话：（029）85307864　85303629　传真：（029）85303879

目 录

第一辑 知乎情缘

003 母亲的炊烟

007 风水满树花

011 一枚麻钱的过失

016 三张蒸熟的蚕种

022 铁花飞溅的账桌

028 肉红酒香的席桌

033 泼墨飞纸的书桌

039 跪草

044 香醋香

第二辑　知乎情味

055　把祖宗请回家
060　何以为家
065　家与业
070　家的样子
074　囚在家里
079　家不讲理
083　老婆会
094　河灯会
102　浇木酒
108　结婚酒
113　满月酒
117　孝子酒
123　良有话说
130　西临西大
135　再入西大
141　咱们老陕
147　西安味道
153　西安嫂子

第三辑　知乎情怀

161　柳风青汉
167　时间里的曾祺老
173　青灯、木鱼和钟
196　精神的路遥
200　在高山顶上
206　旌忠练实
213　错出来的佳话
218　你没去远方
223　谷穗金黄
234　楚狂傲步锦绣林
243　所以教授
250　梅娘的手影
261　油烟美丽

268　知乎（代跋）

第一辑 知乎情缘

母亲的炊烟

炊烟，怎么就不见炊烟了呢？

我从生活的大城市，回到儿时生活的乡村，住了几日，我心想品味一下弥漫村庄里的炊烟，可是那与村庄相互缠绕的东西，却没了一丝一缕的踪影，仿佛化入了虚无的幻境，我只有在梦里去重温了。

憧憬无知的童年，在我想起时，便带着无处不在的炊烟，让我感到炊烟的美丽，还有温暖，还有浪漫，还有缠绵，还有……我要说下来，不晓得还会有多少的还有，总之，我的童年就那么不可逃避地弥漫在炊烟之中了。

炊烟可以与云彩相媲美，但炊烟不是云彩。云彩飘浮在高远的天空，炊烟则铺展在脚踏的地皮上，天空有云彩的时候，地皮上可以有炊烟，天空没有云彩的时候，地皮上依然可以有炊烟。那伸手就能抓一把、张嘴就能吞一口的炊烟，说它像是铺在地皮上的薄纱，或者是铺在地皮上的棉花糖都行，但它绝对比薄纱要轻，比棉花糖要柔，脚踢巴掌拍，踢不着什么，抓不着什么，但却让人特别愉快，特别想闹。童年的我，在那时候，很容易把自己幻想成一个能够腾云驾雾的神仙，犹如挥舞着金箍棒的孙猴子一样，在炊烟里，玩命地嬉戏，跟斗一个连着一个，扑爬下去了，站起来继续扑爬……母亲的声音，往往在这个时候，飘在炊烟上面，柔柔软软地传送进童年忘归的耳朵，是我，还是别的伙伴，就很自然地被母亲唤归的声音，像是一根纤细的绳子似的，拴住了胳膊腿儿，踢踏着缠绕在脚上的炊烟，不很情愿，但却乖乖地回到母亲的身边，被母亲牵着手，牵回家去。

光照大地的太阳，仿佛也在我们母亲的唤归声里，落下西山，回家去了。

可是炊烟，并不理会我们母亲的唤归，它依然弥漫着村庄，如纱似雾，陪伴我们在母亲的催眠曲里，幸福安逸地进入梦乡。

炊烟里的我，有许多许多要好的伙伴。夏天的时候，我们赤条着身体，很是不知羞耻地追逐在炊烟中，好像炊烟就是我们美丽的遮羞布。而到了寒冷的冬季，我们还会在炊烟里追逐，但由于条件的限制，我们穿戴得并不暖和，头上没有棉帽子，脚上没有棉袜子，因为正长个儿，棉裤短了一大截，棉袄儿小了一大圈，到处走风透气，我们却不觉得冷，好像是，炊烟就是我们保暖的温床。我们享受炊烟，更享受炊烟里母亲呼唤我们回家的声音，炊烟是母亲制造出来的，母亲就是炊烟，我们欢愉在炊烟中，其实就是欢愉在母亲的怀抱里。

然而现在，乡村没有了炊烟，没有炊烟的乡村，自然也少有母亲的呼唤，少见母亲的身影，母亲踩着父亲的脚后跟，都到大城市里打工去了。

原来喧闹的乡村，如今是那么沉寂，听不见孩童们的戏耍，也听不见猪狗鸡羊、牛马驴骡的吠叫嘶吼，一些院门上拳头大的铁锁，终年不开，一些院门开着，能够看见的是沉默的老人，以及寡语的孩童。我听说了，邻村有位上了年龄的老爷爷，孤身带着个小孙子，留守在家里，抚育着他的小孙子。老爷爷的身体不错，老了不觉得自己老，小孙子对落户在他家的一窝小雀儿特别上心，一天到头，仰着他的小脑袋，追着那窝小雀儿转，老爷爷看在眼里，知道小孙儿是太孤独了，他想给小孙儿逮个伴儿，和小孙儿一起玩的，这就端了一把木梯，搭到小雀儿的窝巢下，去逮小雀儿了。可他刚爬到小雀儿的窝巢边，伸着手，就要逮住一只小雀儿时，木梯滑了一下，把老爷爷从木梯上滑跌到地上，摔得昏死了过去。小孙儿不知老爷爷已死，瞌睡了，就还躺在老爷爷的身边，醒来了，就还绕着老爷爷转。幸好有老爷爷给小孙儿买下的一箱牛奶，小孙儿饿了，就取一袋牛奶来喝，他自己喝，还给老爷爷喝。小孙子不知老爷爷死了，村上的人都不知道他的老爷爷死了，只有相约三天打一个电话，通一通气息的亲戚，在打了一串电话都不见人接的时候，心里慌着跑了来，砸开紧闭着的院门，这才发现老爷爷的不测，而这时的小孙儿，也因为吃喝完了牛奶，也趴在老爷爷的臂弯里，饿得奄奄一息。

呜呼！这不是传说，也不是故事，而是一个现实存在。现在的乡村，哪儿又不是这样的呢？千门万户，就都是年老的爷爷奶奶，年幼的孙儿孙女。这叫我不觉想起一首台湾歌曲唱的那样，"有妈的孩子是个宝，没妈的孩子像棵草"。

回来吧炊烟，往日母亲的炊烟。

2015年6月6日　西安曲江

风水满树花

都是些听来的传说，听了还都不止一次两次，听得我都有些真假难分了。过去是父亲给我传说，现在父亲已经传说成了祖坟里的一堆土丘，我就要接过父亲的传说，给自己的后人传说了。

今年清明时节，我带着自己的后人回到西府的老家上坟。阳光明媚的天气下，我奇怪在向自己的后人传说时，突然起了一股风，祖坟前燃烧的纸灰跟风而起，像是一只只的鸟儿，扑棱棱旋飞着，有一些就落在了那棵很大的杏树上了。而杏树上花正灿烂，粉艳粉艳的杏花，招来了一群一群的蜜蜂，嗡嗡地在花蕊上喧闹着。我晓得，赶在麦黄时节，老杏树上会是又一季沙甜沙甜的大黄杏。

我痴迷地看着老杏树，眼睛里有了泪花的闪动。这是我过去看惯了的景象。父亲在世时，像我带着后人上坟一样，也会痴迷地看着老杏树流泪，默默地，使后生家总结体会到一种实实在在的伤心。在父亲的传说中，我一伙后人天南海北地都走了出去。如果方便，清明时节，都会赶回家来，聆听父亲伤痛而骄傲的传说。

我现在做了父亲，现在带着自己的后人给他们传说，像父亲当年的传说一样字正腔圆，伤痛而骄傲。因为是风水的传说，就很空阔神秘。我端详身旁的后人，后人正抬头望远，眼睛越过那树粉艳的杏花，全是密匝匝的麦苗，麦苗全都起了身，连天接地一片墨绿。我想象得到后人会像我当初聆听传说时一样，会无端生出一种旷远无助的悲凉感。

我给后生认真地传说着。

从前，祖上请了风水先生，给老人看坟地。祖上的土地不多，村南村北、村东村西都有一些，零零碎碎，像是土地上的一块一块破补丁。祖上带着风水先生，走了南，走了北，还走了西，把祖上的土地走得只剩下东面的一片杏树林了。那一年的杏树，在两个小年（欠丰收的年份）过后，是一个出人意料的大年（丰收年），杏儿经过一个春天的孕育，在初夏麦子将黄的日子，全都露出一张亮黄的脸,突出在杏树绿蓁蓁的枝梢上。祖上黑白不歇地守着那一片杏树林,免得被村上的娃娃糟蹋了。杏树林的收成,是祖上一家日常的用度,怎么能让娃娃糟蹋呢?因为要给老人看坟地,祖上从丰收的杏树林走出来,也就是几袋烟的工夫,这就发生了传说中的故事,发生得让人毫无思想准备:密匝匝的杏树林梢,忽地飞起十几只花斑(一种西府常见的鸟儿)。这群花斑的鸟巢都垒在杏树上,祖上和它们已经很热了,花斑一年到头,什么时候生蛋,什么时候孵小鸟,什么时候迁徙走了,什么时候又迁徙回来,祖上都很熟悉。这时候扑拉拉惊飞起来,没有别的原因,肯定是村上的娃娃乘机窜进杏林偷杏儿吃了。

祖上的后人一直诚实地跟在祖上身后,年轻人眼亮腿脚快,已经看见爬上杏树的娃娃了,跃身往前飞跨而去,张嘴要吼偷杏的娃娃时,祖上声音压得低低的,却又不失威严地招呼他的后人:甭吼喊!甭往前撵!

风水先生有点不解地望了一眼祖上。

祖上感觉到了,腼腆地笑了一下,说:杏儿就是娃娃馋的,偷吃几个又有啥?可千万不敢把娃娃吓咧,猛生生冲过去,把娃娃吓得从树上跌下来就不好了。

风水先生会意地点了点头,和祖上以及祖上的后人,都静静地等在远处,等到偷杏的娃娃从树上下来,鸟兽似的逃奔去了,祖上这才招呼风水先生转到杏树林去,可是走了几步,风水先生不走了。

风水先生把他拿来的罗盘合起来,装进背在肩膀上的褡裢里。向祖上抱拳道贺了:主儿家,这坟地咱还看个啥?就是那片杏树林了,风水宝地啊!子孙必然满堂,子孙必然孝贤。

风水先生捋着胡须,一脸的虔诚和恭敬。

没有说的了。祖上把坟地自然地选定在杏树林里,一辈又一辈,到我这一辈,不知晓都有多少辈了,总之,原来的一片杏树林,到如今只剩下一棵老杏树了。

杏树虽老花不老,年年都是一树花,和祖上的传说一样,鲜活在后人的心头。我给自己的后人讲着祖上的传说,相信我百年以后,我也成了祖上,我的后人也会带着他的后人到祖坟上来,看那满树粉艳的杏花,讲那不老的传说。

2004年4月9日 西安后村

一枚麻钱的过失

这个祖上肯定不是《风水满树花》中的祖上了。

我一族中,凡是入了祖坟的人,都是我的祖上。他们的肉体消失了,他们的传说不会消失,会有他们的后人往下代代传说的。

这个传说中的祖上,读了几年私塾,识了字也识了数。他在他的老祖带领下去菊村街卖辣子,祖上背了一个小背篓,老祖背了一个大背篓,背篓里装的都是西府线辣子。

辣子有红,辣子有青,是西府人锅灶上少不了的一道菜。

祖上种植线辣子,有他一套独特的经验。育苗时少不了鸡粪,栽秧时少不了鸡粪,到辣苗儿长起来了,更是少不了鸡粪。祖上就养了一群鸡,平时关在鸡圈里,收鸡蛋,攒鸡粪,到辣苗长起来,辣苗上生出虫子时,就把鸡撵进辣子地，鸡吃虫子，鸡拉屎撒尿，既灭了虫子，又肥了地力。于是，有一个很长的时期，祖上早起撵着鸡去辣子地，晚上撵着鸡回家，鸡鸣人吆喝，成了祖上留给后人的一幅美好的田园画。

卖辣子也就成祖上神圣的一个事项。

辣子新鲜时卖鲜辣子，辣子穿起来风干了就卖干辣子。祖上在他的老祖带领下，那一次去菊村街卖的是红红绿绿的鲜辣子，一大一小的辣子背篓往街市上一扎，当下吸引了许多买主围上来。

祖上的辣子在种植上独特，在街市上也独特，卖得总是比别人家的快。老祖招呼买主过秤，祖上招呼买主交账。祖上随身带了一个小册子，收一笔账，在小册子上记一笔。祖上和老祖正忙着招呼买主时，街对面有人高腔大嗓子唱起了一段口谱：

辣子青，辣子红，
我背辣子来菊村，
菊村有个花不棱，
拽住我腰带门里进，
…………

进了门里做什么呢？常到菊村街卖辣子的祖上当然知道，与花不楞的漂亮姐儿在一起，还能做什么？祖上的脸红了一下，知道是菊村街的暗窑子盯上他和老祖了，在招呼他和老祖进门做好事哩！祖上的心便有些分神，向街对面看了一眼，果然有一位穿红戴绿的妙人儿，水汪汪的一双眼睛，朝他和老祖的身上瞟着。

就是这一刹那的分神，祖上算错了一笔账，向一位买主多收了一枚麻钱。白纸黑字地记在祖上的小册子上，回到家对账，一下子就对出来了。祖上没有把这多出的一枚麻钱当回事，高高兴兴地报告给了老祖。

如果祖上不是那么兴高采烈，不是那么得意扬扬，老祖也就不会太认真。显然，祖上的态度惹得老祖不高兴了，指着祖上的鼻子喊了一嗓子：把钱给人家退回去！

多收容易退回难。

祖上回忆起来那一枚麻钱是向一位老婆婆多收的。此后的日子，祖上逢集就到菊村街去卖辣子，三、六、九的集日，祖上一天都不落，辣子新鲜的时候卖鲜辣子，辣子收回来晾干了卖干辣子，一年四季，在菊村街上，祖上一边卖辣子，一边寻找那位老婆婆。为了方便找到老婆婆，祖上还用白布写了一幅小幡子，扎在一根竹棍上，插在他的竹背篓上，小幡由新变旧，由旧变破，祖上又换写了一幅新小幡子，但就是找不见那位老婆婆。

祖上在私塾的学业完全荒废了。可奇怪的是，祖上的生意却越做越兴旺，他们家里的辣子显然经不起祖上卖了。祖上就在菊村街租了门面，把他多收人家一枚麻钱的小布幡子挂在市头上，做起了既收辣子又卖辣子的生意。一个人忙不过来，祖上还雇了一个伙计，把单一的辣子粉成末，做成酱，腌成罐，成批量地往西面的陈仓发，往东面的长安发，百里千里的大主顾都成了祖上店里的客。

祖上还是没有找到那位老婆婆，而祖上的老祖却因年事太高，撒手西归了。

祖上全面担起了辣子店的责任，也担起了找寻那位老婆婆的责任。

祖上干脆刻了一块匾，把布幡子上的内容照搬到金漆大匾上，并且声言：凡帮助他找到老婆婆的人都有高额奖赏。

祖上找寻老婆婆极为耐心，有人提醒祖上老婆婆怕和你的老祖一样，都已作古了。而祖上仍然不改他的耐心，坚持不懈地找寻着老婆婆。这使祖上的辣子店生意更加兴旺发达，一个伙计不够用，雇了两个，两个不够用了，雇了三个……到头来，伙计不断增多，祖上就把辣子店的分号挂进了省城；再后来又出省挂到了四川、湖南、贵州……每一家分号的门头上，都挂着祖上多收老婆婆一枚麻钱的事情，和祖上找寻老婆婆退还一枚麻钱的决心和耐心。

我听父亲讲着祖上的这个传说，常常会想，祖上后来找到了那位老婆婆没有？父亲没有说找到，也没说没有找到。我现在又要讲给自己的后人了，我不晓得自己的后人听了会有什么体会，不过我现在体会到了祖上的用心：教育自己的后人，诚实处世，以信立业。

一枚麻钱的过失，成全了祖上的一桩大生意。

2004年4月10日　西安后村

三张蒸熟的蚕种

因为一枚麻钱的诚实,祖上的生意做大了,不晓得又传了多少代,这就传到了一位女当家的手上。女当家的传说,在祖上的传说中,不能说是最精彩的一个,却绝对是最传奇的一个。

我听父亲讲述祖上的这位女当家的传说时,已到父亲欲知他不久人世的前夜。那一夜在我的印象中特别的黑,特别的长,也特别的冷。我守在父亲的炕头上,不晓得黑黢黢的天什么时候下起了大雪,风刮着雪花从门缝里往进挤,我看着父亲蜡黄的脸上,一双眼睛特别的明亮。

父亲给我说,他的时间不多了,他是听他的祖上在生命的弥留之际传说给他的,他也得赶在这时候传说给我了。

父亲气息奄奄地给我传说——

祖上从四川向西府的老家解银子,路过秦岭时,大雪封山,祖上迷路了,偏又遇到一帮山匪,杀了跟他的两个伙计,他也受了伤。祖上昏迷在荒山野岭之中,想他也没救了。但是祖上渐渐地感到身上的热度,祖上试探地睁开了眼睛,才知晓他躺在一个小庵里,有一位眉清目秀的尼姑,两手抓着雪团,在祖上赤裸的胸腹和腿脚上揉搓,尼姑的揉搓无微不至,颇有章法。祖上醒来后,脸上浮起一抹羞色,尼姑意识到了,但尼姑并不往心上去,尼姑一副菩萨心肠,她一门心思,想的是救人一命。尼姑没有因为祖上的羞涩,而停止她的揉搓,一团一团的白雪,在尼姑持续不断的揉搓中,融化在了祖上赤裸的肉体上……祖上的手能动了,脚能动了,祖上伸手动脚,企图阻挡着尼姑耐心的揉搓,但祖上阻挡不住,尼姑还是按着她的章法,一团雪、一团雪地在祖上赤裸的身体上揉搓着,直到祖上自己坐了起来。

尼姑低着头,对祖上说:冻得僵死的人,不敢急取暖,要慢慢地来,这才有个救。

祖上就流泪了。

尼姑又弄来一些草药,捣成黑乎乎的胶样,给祖上的伤口敷了药,还找来长长的白布,撕成绺绺,小心地把祖上的伤口包扎起来。

祖上得救了。

为救祖上的性命，尼姑的一双手却犯了严重的冻疮，化脓流血。但尼姑仍闲不下来，一日三餐地侍候着祖上的吃喝，到祖上完全康复，雪消回家时，整个人胖了许多，而尼姑自己却明显地瘦了下来，一双静若止水的秀目，深深地陷进了她的眉骨下。

尼姑把祖上送出秦岭的小庵门。

祖上对尼姑央求说：跟我回家吧。

尼姑回身进了小庵，关了庵门。

祖上听见了尼姑在小庵门里压抑的哭声。

过了些日子，尼姑再次打开小庵门时，看见祖上骑着一匹高头大马，穿着礼袍，戴着礼帽。在祖上的身后，是一长串的迎亲队伍，唢呐声声中，有一乘四人小轿，装扮得喜气洋洋，颤颤悠悠地抬到了小庵的门前，稳稳地停在了尼姑的身边。

尼姑坐上了轿子，进了祖上的家，当了祖上的女当家。

女当家也确实会当家，家里家外料理得井井有条。更绝的是，女当家从秦岭小庵带来了一纸秘方。也只是几样普通的草和虫，按一定的量焙干碾细，封在一根一根的麦秆里，有哪家女人血多止不住，担一瓦罐的自酿醋提来，女当家取出两根麦秆，剪了头，吹在醋水里搅匀，提回去喝了，女人的流血即止。祖上的生意因此又有了新发展。

然而，女当家也会老，老得在祖上去后时日无多，自己着摸也该撵着祖上去了。

女当家立了一个规矩，她的秘方传媳不传儿。

女当家看惯了祖上一些男儿的荒唐，仗着腰里有两个钱，不是宿娼，就是耍钱，她立下这个规矩，说透了，就是谁领受了秘方，谁就是当了这个家。让谁当家好呢？女当家给祖上生了两个男娃，娶了两房媳妇；女当家之前，祖上还有一房婆娘，一直不曾生养，在女当家一连生养了两个男娃后，她有幸也开了一次怀，生了一个男娃儿，如今也已娶了妻成了家。三个男娃儿，一对半在外照顾生意。家里的三个媳妇儿，都围在女当家的身边转，看上去也都孝顺乖巧，女当家不晓得由哪一个接班更合适。

女当家就把三个媳妇叫到跟前来，给了她们一人一纸的蚕种，让她们分头孵种养蚕，谁养的蚕大丝多，就把秘方传授给谁。

安排了这件事后，女当家坐了一辆马拉轿车，到外面看生意去了。女当家都去看了哪些生意，没人能知道。八八六十四个日子过去,女当家又坐着马拉轿车回了家,洗罢脸,还没顾上喝茶,大儿媳就把一箩筐的蚕茧端到女当家的屋里来了,蚕茧儿白白净净,差不多一样的肥大,女当家抓了一把,凑到眼皮下看了看,夸奖说:不错!不错!

二媳妇跟着也进了女当家的屋。

二媳妇端给女当家已经缫成了的丝,一部分丝还织成了绸和绢。女当家伸手摸了摸,又是一通夸奖:不错!不错!

三媳妇低垂着头,缩在女当家屋子的暗影里。

女当家向三媳妇招了招手,让三媳妇往她跟前来,问:三媳妇你的蚕茧呢?

三媳妇把一纸蚕种从袖口里取出来,又送给了女当家,说自己又蠢又笨,至今连蚕卵还没孵出来。

女当家满意地笑了。把三媳妇拉着坐到她身边,取出一串黄铜钥匙,交到了三媳妇的手上,说:从今往后,这个家就由你当了。

大媳妇对女当家喊不公。

二媳妇对女当家喊不平。

女当家不急不躁,说她分给三个媳妇的蚕种,都是上锅蒸熟的，你们怎么能孵出蚕种？又怎么能养成蚕茧？更怎么能缫丝织锦？

真相大白，大媳妇、二媳妇都没话说。过了几日，却有讨债的闯进门来，向大媳妇和二媳妇讨要购买蚕茧、丝锦的钱。原来大媳妇、二媳妇都想取巧，自己养什么蚕，织什么锦，女当家不在家，到她回家来，在外面买好的蚕茧、好的丝锦给女当家看，自己接受了秘方当了家，还愁没钱给人还。

这下可好，没逮着狗，连铁索也带跑了。

传说到这里没了后话。我就很纳闷，祖上的传说，只这一个不常传，只有父亲也将入了祖坟成为祖上时，才无可奈何地悄悄地传说给了我，是觉得不光彩吗？

我实在觉得没有什么不光彩的。

我还知晓，祖上的女当家把她治疗女人血崩的秘方，忠实地一代一代传下来，传到1949年解放后，在家族人等的共同协议下，非常高兴地捐献给了国家，使更多患者获得救治。

我便想，我们后人应该感到光彩的。

2004年4月10日　西安后村

铁花飞溅的账桌

西壕不大，前不着村，后不着店，像是一口被随便扔掉的锅，凹在我老家的荒地里。小的时候，我给家里的猪羊打草，会转到西壕去，那里总有我打不完的夫子蔓、胖婆娘、麦禾瓶等猪羊好吃的野草。但我到西壕去，却总是提心吊胆，原因是西壕的崖壁上，有许多废弃的窑洞，黑麻麻地让人怯惧，偶然地窜出一只野兔，也会把我吓得提了草笼跑掉。

可就是这么荒凉的地方，突然地有了烟火。

我发现生起烟火的人已不年轻了，一脸的胡茬儿，像是一根根烟火熏黑了的钢针。孤身一人的他清理出两孔老窑，在一孔洞开的窑口，他用胡基扎起很好看的窑门和窑窗，而在另一孔洞开的窑口，他用胡基盘起了一个铁匠炉。我惊喜地看见，他的铁匠炉生着火，艳艳的火苗，在他"呼嗒、呼嗒"拉动风箱的节奏中，忽儿旺一下，忽儿弱一下，照得他的脸膛，也一忽儿亮，一忽儿暗，他是铁匠哩，我心里就有一种莫名的兴奋，草也顾不得打了，向火焰喧腾的铁匠炉靠近……有几步就要到铁匠炉旁了，却听到一声严厉的吆喝。

是父亲的吆喝："远一点，看火溅了你！"

果然地，铁匠从火炉的盖板下抽出一块红铁，撂在黑铁的砧子上，锤起锤落，叮叮当当，溅得火花流星一般，四处飞射，吓得我后退了几步。

父亲亲切地笑了。

铁匠也亲切地笑了。

一来二去，我与铁匠混得很熟了，而我感到，父亲与铁匠更像是朋友一般亲热。父亲把他栽种的旱烟叶子取了一叠，很友好地送给了西壕的铁匠。而西壕铁匠，则给父亲打了一把剃头刀相赠。西壕铁匠打得了镢头锄头，打得了斧头镰刀……但最见功夫的还是他的剃头刀。父亲把铁匠赠送他的剃头刀拿回家，小心地开了刃，又小心地磨到明光闪亮，随便地揪了一根头发，搭在刃口上，噘嘴吹了口气，头发在刃口上立马断成了两截，喜得父亲直说："难得！难得！"

孤身一人的铁匠,是哪儿人?叫什么?从哪儿来?

我曾天真地问过铁匠,但被父亲挡了回去,嫌我娃娃家多的什么嘴,不该问的别问,不该知道的别知道。因此,手艺颇为高强的铁匠在我心里成了一个谜,天长日久,认识和不认识铁匠的,用过没用过铁匠所打器具的人,都把他叫了西壕铁匠。

父亲不许我打听西壕铁匠的身世,可他自己却问过了,知晓西壕铁匠坐过监,刑满释放了,脸羞不想回原籍,就到西壕随便地落了脚。父亲还打听到他没有女人,就积极地为西壕铁匠说女人了。当然姑娘家的,西壕铁匠也不敢奢望,父亲也说不出口,就有一个甘省(西府把甘肃省简称甘省)的寡妇,带着一个女儿讨饭来到西府。原想可能要费些口舌,结果父亲一张口,铁匠、寡妇都没说的,父亲就让甘省寡妇先在家里住了下来,让母亲帮忙做了两身新衣,缝了两床新被,择了个好日子,铁匠、寡妇就在西壕的窑洞里成了亲。

有了男人的甘省寡妇,时间不长,肚子就很突出了,到来年他们成婚的日子,便给西壕铁匠生了一个大胖儿子。胖儿子的哭声特别的嘹亮,使孤寂的西壕一下子显得生机盎然。

胖儿子哭了一天一夜，都没能从甘省寡妇的大奶头上吮出一口奶水。甘省寡妇就给西壕铁匠说，买一只奶羊吧，她生养女儿时就没奶水，只盼这一回养儿能有奶水，到头来还是没有。甘省寡妇说话很伤心，西壕铁匠安慰了几句，停了一天炉火，赶了一个集，牵回了一只带羔的奶羊。回到西壕，当下把两只小羔子放了血，一只送给了我的父亲，一只他们炖着吃了。

西壕有的是草，甘省寡妇的女儿不费多大事，就能把奶羊喂得很饱。我常来西壕打草，和甘省寡妇的女儿耍得很熟。有一日，我打好了草，甘省寡妇的女儿放好了羊，俩人就在一起玩游戏，先是"腌酸菜"，后是"占草窝"，都是西府乡下娃娃常玩的把戏，玩得累了，就到西壕铁匠的火炉旁去休息。

西壕铁匠的火炉旁只有一把柴凳，经常地摆在烟熏火烧的账桌前。我就抢着坐在了柴凳上，看西壕铁匠火花四溅地打铁。看得烦了，顺手拉开西壕铁匠账桌上的抽屉，我毫无拿一分钱的念想，只是看看抽屉里的分分币和毛毛钱，散散乱乱地摆着，就很有方寸地把分分币和毛毛钱区别开来，分门别类地整理着，完全没有料到，父亲什么时候也到西壕的铁匠炉子上来了。

父亲叫着我的名字。

父亲轻柔的叫声，让我心里一惊，这可不是他的风格哩，雷神一样的父亲，什么时候这么轻声柔气地叫过我呢？只有在我做错了事情的时候，父亲的叫声才会这般轻柔，透着亲切。

我的屁股像装了弹簧，噌地从柴凳上站起来，撞了一下拉开的抽屉，把我几乎都要整理清晰的分币和毛票，又都撞得乱乱的了。

我躲着父亲往出溜，但是躲不过父亲的烟锅头，追着我的屁股，抡起来，重重地打了上去，打得我像只挨了枪子的兔子，腾空跳了一下，屁股顿时感到火烧了一般刺疼。

西壕铁匠见状，赶紧过来，拉住了父亲的胳膊，劝着父亲说："没啥没啥，都是自己的娃娃。"

父亲却不吃劝："自己的娃娃没错。越是自己的娃娃越要懂得守规矩。"

西壕铁匠红了脸说："是我不对成吗？"

父亲也红了脸，说："不成。让他小东西要长记性，啥时候啥地方，都不能翻人家的账桌，到人家账桌的正面走都不成，都是少教没规矩。"

说了这一通道理后,父亲的态度和缓下来了,还给西壕铁匠道了歉。

我自然记下了父亲的指教,也记下了父亲打的那一烟锅。是夜,睡在炕上,烟锅打了的地方又肿又疼,父亲把我拉着翻了一个身,又从他的烟锅里掏出一些黑油似的烟屎,抹在我屁股的肿疙瘩上。

父亲抹的时候还问:"记下了没?"

我回答:"记下了。"

确实是记下了。我如今年逾半百,回想走过的日子,再没有犯过动人账桌的错误,甚至见了人的账桌,自觉地要躲开一段距离。

我还记得,父亲在我红肿的屁股上抹了烟屎,到天亮,肿消了,红去了。我就很纳闷,烟锅里抠出的烟屎,怎么还有这样一种作用?

2004年4月11日　西安后村

肉红酒香的席桌

现在想吃西府的水席,已经成了我心中的一个奢望。

不比现在流行的热炒,鸡鸭鱼肉的,再配以洋葱洋芋西红柿、水芹蒜薹胡萝卜等时令菜蔬,荤素搭配,的确有水席不能比拟的优势。但水席在西府流行了千百年,如我一般年纪的人,知晓早些时候,或逢年过节,或婚丧嫁娶,都要请来厨子,盘锅垒灶,支案搭棚,开上一顿传统的水席。

所谓水席,自然是不动炒锅的,自然要省油得多。这是西府人的智慧,又要俭省,又不能刻苦自己和客人,怎么办呢?办法大的人家,就办大事,杀一头猪,宰两只鸡不在话下,杀猪时要弄得猪大叫,宰鸡时要弄得鸡大啼,非得弄出大动静来不可,这是一种宣扬,更是一种证明。办法小的人家，就办小事，杀不起猪，鸡是非宰不可的，杀鸡时也尽量不让鸡啼叫出来，同时差人到附近的集市上来，悄没声息地割一刀肥猪肉，再拣几根猪骨头回来，与猪肉上剔下来的骨头一起和着蜕了毛的鸡在一口大锅里煮，咕嘟嘟……咕嘟嘟……常要煮上一个晚上，煮得一锅的白汤。这一锅的白汤，就是水席上的味道了，白汤的味道好，水席便没得说，白汤的味道差，水席的味道自然就差。西府的厨子都知晓熬煮白汤的重要，也都练得一套熬煮白汤的绝佳手艺。有了一锅好白汤，别的东西就好准备了，白菜豆腐粉条萝卜几样配菜，洗净淋干，或者切成段，或者切成块，滑进滚水里过了，上席时装在碗里，浇上一勺的热白汤，保证让人要流口水。西安东二环的一口香食府，继承了西府传统水席中的水煮白菜和水煮豆腐两道菜的精华，在都市，人吃腻了大鱼大肉、野味海鲜，都奔那儿去换口味，吃过了，都说好：清淡利口，爽喀！我就没少往一口香食府送钱。

当然了，西府水席的盖碗肉，是最隆重的一道程序。杀了猪的人家把猪肉片得手指头厚，没杀猪的人家则把猪肉片得纸一样薄。这里有个讲究：宁缺一餐客，不缺一桌席。这就是说,红烧了的猪肉厚薄不要紧,每一桌的席上,都必须在大盘四角的菜碗上错开来,各自盖上三片肉。

水席的形致大有讲究,在一个方形的大盘上,四角相对,分别安置的是水煮白菜和水煮豆腐,四面相对,分别是水煮粉条和水煮萝卜,中间的那一碗,是唯一的一道炒菜胡萝卜烩蒜苗。九大碗的格局,不能多了,也不能少了,多了则满,少了则亏,九个这数不满不亏,好运吉祥。

为什么只在四角的菜碗盖肉呢?而且还只盖三片?这也是个讲究。西府的水席,在一个方桌上三面只坐六人,留下一面为席口,设了专人,斟酒卸馍,侍候席客吃喝。而四角的盖碗肉,统共一十二片,每个席客两块,寓意席客出门见喜,好事成双。

我多长了个眼色。在给门中一位兄长娶亲的日子,我的职责是走趟儿(端盘子送菜送馍)。我发现一个席桌的席口上人不在了,吃席的客人自己斟酒自己喝,自己夹馍自己吃。我便自觉顶了上去,在席口上给客人斟酒夹馍。我的个头还没长起来,斟了酒给上席的客人敬,够不着了,一只手翘在身后,一只手擎了酒杯往上递……当着执事（总管婚宴）的父亲瞧见了，在一旁轻声柔气地叫我。

因为是喜庆的事，我积极补台，没有觉得自己哪儿有错，听到了父亲的叫喊，也没太往心上去，坚持着把一杯酒敬给了上座的客人，这才应声去见父亲。

父亲把我叫到一个背人处，让我把两只手伸出来。我心里还觉蹊跷，才把两手展平，就招了父亲狠狠的一烟锅。

父亲把声音压得很低却很严厉："敬客咋敢出一只手？人家都是新客（新媳妇的娘家人），看你这少教没规矩的样子，不怕人家背后笑话！"

我遭了一烟锅打的手心，立马肿起一个包，尖锐的痛感钻心地疼。本来我还想辩驳几句，看着黑煞神一样的父亲，委屈的眼泪，蓦地涌出眼眶，扑簌簌直往脚前掉。

父亲仍然一点妥协都不露，转身又忙他的事去了。而我自己，擦了一把眼睛上的泪，揉着手上的肿包，又去端菜端馍地跑趟儿了。

当晚回到家里，我还有白天落下来的课堂作业，从同学处借了题目，点起一盏灯，认真地做着作业，慢慢地把白天挨了父亲一烟锅的事都忘了……可是，因为那一烟锅的责打，完全破坏了我的兴致，忙了一天，只顾侍候客人，把自己的肚子耽搁咧，到这时咕咕咕咕地叫起来了。

我踅摸着要去吃一口，却闻到一股浓浓的肉香味，直冲鼻子而来。我抬头看时，父亲正站在我的身后，脸上挂着慈祥的笑，把一个热腾腾的肉夹馍递到了我的嘴边。

我把白天憋在眼里的泪水，赶在这时候倾其所有全都抛洒了出来。泪水跌在肉夹馍上，我不管不顾，大口地嚼着，大口地咽着，心里头早已理解了父亲，晓得他是怎样刻苦地指教着他的儿子。让进入不惑之年的我想起来，仍然是不绝的感动。

2004年4月10日　西安后村

泼墨飞纸的书桌

村里的学校是由一座旧庙改建的。

我听父亲讲，1952年，从县城来了几个斯斯文文的人，扛着几卷行李，几包书，由地方干部陪同着，住进了庙院的偏厦房。庙堂上还有一老一少两个在册和尚，斯文人与和尚商量着，和和气气睡一盘土炕，和和气气吃一个锅灶。斯文人住了一夜，就都到附近的村子来，动员青年男女读书识字。父亲说，那时的人对什么都新鲜，对什么都好奇，斯文人在村口上一宣传，全村人你传我，我传你，迅速地就都知道了，呼啦啦来了一大帮子人，围着斯文人就去庙院。

村上的青年在斯文人的鼓励下，赤手冲进庙堂，没费多少力气，就把烟熏火燎少颜没色的泥塑菩萨请出了庙堂，拆了庙院的几堵旧砖墙，垒起一排一排的"桌子"，再拿来一块旧砖，往屁股下一垫，就开始听斯文人讲课了。

村上的青年开始把斯文人都叫先生，在课堂上，斯文人纠正着大家，先生是过去的叫法，现在应该叫他们老师。青年人就跟着叫老师，叫过了，相互看一眼，忍不住都要大笑起来。

而且就在村上青年为"老师"的称呼大笑时，老和尚在他住的偏厦房里点了一把火。木头架子的老房子，着起火来没个救，斯文人和动员来的学生发现了大火，从井里绞水来救，已经太迟了。老和尚没出老房子，把自己个儿烧成了灰。

小和尚目睹了老和尚火焚的全过程。大家都忙着救火时，小和尚盘腿坐在庙院里，对着火焚的老和尚，双手合起，举在胸前，嘴里呜啦呜啦地念着什么经。直到火灭下去，小和尚把他身边的一个黑陶罐，双手捧着，扒着火灰，翻找出老和尚的骨灰，小心地铲起来，装进了黑陶罐，用一块玄色的土布包好，扎绑在一个藤编背篓上，背起来，头也不回地出了庙院。

从此，清静冷寂的庙院再也听不到老和尚和小和尚的诵经声了。代之而来的，是在老师的带领下，村里青年男女琅琅的读书声。

我也入了庙院的学校后,才听父亲说了这件往事。我很为老和尚当时的火焚想不通,而且更关心小和尚的下落,不晓得他去了哪里。父亲不知,其他人也不知道。我却在心里牢牢地记下了不曾谋面的一老一小两和尚。

我入学后,用的还是起先办学时垒起来的砖桌子,坐的还是散散乱乱扔得到处都是的砖块。我的学习成绩不赖,上到二年级时跳了一级,直接上了四年级。能跳一级是我的荣耀,更是家长的荣耀,我不歇气地苦读着,却发生了一件意想不到的事。与我一班上学同坐一起的校长儿子,把一支英雄钢笔弄丢了。

我毫无知觉地读着自己的书。忽一日,校长来到教室,扯起我的一只耳朵,要我承认偷了他儿子的钢笔。

天大的冤枉呀!我坚决不承认,而校长扯着我耳朵的手又使了些劲,我感到自己的耳朵都要扯掉了。幸亏有班主任来劝,劝住了校长,却没能劝住愤怒的我,弯腰从地上捡起一块半截砖就往校长的身上砸,班主任的身子护了一下,半截砖没能砸着校长,我复又捡起砖块,而校长此刻已迅速地躲出了教室。我现在想,那时的自己肯定是疯了，从砖砌的桌子上跳跃着追出去，撵着校长就砸砖头……直到跟来的班主任拦腰抱住了我，一场可能造成严重后果的事故才得以幸免。

我哭了。

我哭自己无辜受冤，更哭自己少不了换父亲的烟锅子。哭着全身都痉挛得抖成了风。与我一同上学的姐姐，跟着我也哭起来了，边哭边回了家，告诉了在家的父亲。

让我大为意外的是，闯下这么大的祸，父亲没有拿烟锅打我，问了一句话："你拿没拿人家钢笔？"

我坚决地否定了。

父亲伸出手来，在我的头上温柔地摸了一把，领着我就回家。一进家门，还招呼母亲给我在铁勺里炒了一个鸡蛋。

然而此后发生的一件事，很小的一件事，父亲却没能饶过我。

考中学的日子越逼越近，学校布置的作业不断加码，每天都有考试。我不是那种死读书的人，作业多了，做得心烦，在一个单元的复习中偷了懒，把平常做过的作业改头换面，作为复习作业交给了老师。老师发现了,批评我,我还犟着脖子不承认。这件事怎么传进父亲耳朵的,我至今都不知道,怀疑过和自己一起上学的姐姐,也怀疑过班主任老师,事过多年后,父亲都已作古,问起姐姐和班主任老师,都还说没给父亲传话。

但父亲知道了。

晚上我趴在一盏煤油灯下,把布置的复习都做完了,收拾墨盒和纸张,准备上炕睡觉时,父亲提着烟锅,走到我身边,抡起来打在脸腮上,把我打疼了,打愣了。

父亲气白了脸:"我娃能行了!会做假骗人了!!"

我当下明白父亲的烟锅打的什么了。

父亲低声威严地逼问我:"以后再做那事,你就不是我儿!"

许多年过去了,我忘不了父亲打的这三烟锅。今年清明节,我回老家给父亲上坟,烧着纸焚着香,却毫无来由地感到父亲的烟锅凭空抡过来,打在了我的屁股、手心和脸腮上,我伸手在那三处地方各自轻轻地摸了一下,感觉当年打过的红肿还没消下去。我知道,这是父亲烟锅的提醒。

我保留下了父亲的烟锅,如今已成为一个独特的珍藏。我想念父亲的时候，会把烟锅取出来，泪眼婆娑地看上一阵，觉得那玉的嘴子，黄铜的烟锅头，配上楠竹的烟嘴竿，实在是一件指教人的利器。我手拿父亲的烟锅，既感到遭打后的疼痛，又感到遭打后的温暖，是那种父爱如山的疼痛和温暖。

          2004年4月12日　西安后村

跪草

没人能够拒绝自己的生日。

所有的父亲，都是以娱乐自己身体的方式，播种下自己的血脉，要母亲来孕育生养了。母亲妊娠反应，想吃酸，吃了就吐；想吃辣，吃了也吐；想吃甜，吃了还吐……母亲一点办法都没有，母亲只有忍，忍得自己一天天变，变得大腹便便，变得臃肿失形，变到十个月时，咬牙忍痛、扯断头发、抓破手心，诞生出一个新的生命。这个新生命，紧攥双拳，紧锁双眉，紧闭双眼，高声大号的，似乎要拒绝他的出生，但这由不了他。

所有的新生命，到这个世界上来，都是身不由己的。

哭没有用，攥紧拳头、锁紧双眉、闭紧双眼都没有用。母亲生下了他，他就得好好地接受，好好地活，活给母亲一个样子看。这是所有母亲的期望，也是自己艰苦奋斗的一个目标。然而，没人知道自己给母亲活得满意不满意，自己给自己活得满意不满意。通常的情况下，满意不满意，都要装出满意来。

是个什么样的装法呢？

千姿百态，各人有各人的装法。但过生日这一方式，是大多数人喜欢的一种选择，似乎不这么做，就对不起自己，对不起生育了自己的母亲。

还有没有别的方式，来纪念自己的生日呢？答案是肯定的，有。但是一定不会很多，如我只见识过我的父亲，以跪草的方式，来为自己庆生。

"人生人，吓死人！"

十月怀胎的母亲，在医疗条件相对落后的过去，因为婴儿脐带绕颈，或是胎位有问题，就会难产，甚或丧命。听说父亲的降生，就使父亲的母亲我的奶奶受了一次大罪，从傍晚开始预产，一直熬过长长的一个晚上，到第二日快中午的时候，才艰难地生产下来。因为这一缘故吧，父亲在他生日的时候，从不招亲戚，也不待朋友，拒绝一切热热闹闹的宴席，拒绝所有快快乐乐的活动，黯黯淡淡地独自给自己过一个生日。

甚至是，父亲还拒绝参加他人那样的生日活动。

父亲说了，自己的生日，就是母亲的受难日。因此，到了父亲生日的时候，他会背起个竹编的大背篓，到自己的麦草垛子上，扯回一背篓的麦草，背回家来，在张挂着父亲的母亲我的奶奶的画像前，铺开来，跪上去，给画像上他的母亲我的奶奶，磕上三个头，点上一炷香，然后就静静地跪在麦草上，要喝水了，把水端到他跟前，他跪在麦草上喝；要吃饭了，把饭端到他跟前，他跪在麦草上吃……父亲是抽烟的，不是现在有的香烟，而是农家汉子自种自收的老旱烟叶子。平常的日子，父亲的烟特别紧，一会儿装一锅，一会儿装一锅，点着了，吧嗒吧嗒，烟笼雾罩，可在他跪上麦草时起，就不再抽了，他忌了口，到站起来，动都不动他给自己拴的黄铜烟锅。

作为男丁，我小的时候，在父亲跪在麦草上时，自己懵懂着，挨着父亲也会跪下去。但是父亲不让我跪，他会抬手拍打我的脑袋，把我赶开，让我到炕上去睡觉。

我是没有耐心的，很快就会睡去，而父亲坚持跪着，不能丢顿，不能睡觉。

父亲从傍晚时跪下来，面对他的母亲我的奶奶，在麦草上要跪整整一个晚上，天明了还不起来，还要跪着，安安静静地跪着，一直跪到早饭吃罢，快近中午饭的时候，才活动着他的腰身和膝盖，慢慢地站起来，收拾干净铺在他的母亲我的奶奶画像前的麦草……一年一年又一年，直到父亲去世，他在他生日这天，不改样子地都要跪在麦草上，给他的母亲我的奶奶跪着。

父亲说他这是跪草。

我见到父亲跪草的次数多了，到现在想起，他跪草的模样，仿佛一尊铜铸的雕塑，印记在我的意识里，是那样的虔诚，那样的隆重，绝不是热闹着、快活着给自己弄一场生日宴可比的。

父亲所以跪草谢母，那是因为他的母亲我的奶奶生他时，就是在一背篓麦草上生下来的。

这就是传统俗语的"落草"了。那个时候，没有现在的妇产医院，每一个新生命的诞生，几乎都是在自家炕脚铺着的草堆里落生的。

我父亲是这样的，我也是这样的。

我受了父亲的影响，时至现在，年已约过六十，也不着意给自己弄个生日宴什么的过一过。但我远离了故乡，身在大城市的西安，却也不能如父亲一般，在自己的生日,以跪草的方式,感谢纪念母亲对我的生育之恩。我想不出别的办法,就学着父亲的样子,在我西安的书房里,独自一人,来读一个晚上的书。我坚持着这个习惯,至今已有四十多年了。我著文说过,因为"文化大革命",我没怎么读书,勉强有本中学毕业的文凭,实际只是踏实认真地读了小学。后来,我舞文弄墨,在文学创作的道路上,还有点儿收获,与我生日之夜,苦读狠写是分不开的。

去年冬尽的日子,我于我的生日之夜,开始了我的一部长篇小说的写作。我愿我的母亲,像她诞生了我一样,给我力量,赐我智慧,帮我怀胎,诞生出我的长篇小说来。

2016年5月23日　西安曲江

香醋香

说起醋,人们自然会想起山西。

山西人好吃醋,醋也让山西人海内外闻名,人们称山西为"醋乡"。有人笑谈,山西人选女婿,除去"家有箱柜",还必须"院有醋瓮"。

醋的故乡在我们中国,这是一个不容争辩的事实。考察中国人酿醋的历史,几乎与酿酒的历史一样久远。早在公元前1058年,周公旦所著的《周礼》一书中,便有了酿醋的记载。不过,一直到南北朝时,醋还被一般人视为贵重的奢侈品。官僚、名士之间宴请,把有无醋调味视为档次高低的一条标准。到了唐宋,制醋业有了大规模发展,醋才进入普通百姓家。

传统的制醋中心有两处:一是有口皆碑的山西,一是太湖之滨的镇江。但陕西人并不买这两地名醋的账,说是山西醋显冲,镇江醋显柔,固执地迷信自己的家酿红醋。相传武媚娘(武则天)做妃子时,有段时间贵体欠安,常常腹胀气滞,不思饮食,御医们想尽了办法,也未能奏效,有两位因此还被砍了头。后来,在皇宫做道场的一位居士,向贵妃娘娘进献了一坛家酿红醋,武媚娘用后胃口大开,贵体日益转安。从此以后,不论武媚娘做贵妃,还是做皇帝,御膳房须臾不能少了家酿红醋。传说中还说湖北老河口一个厨子在大内为武媚娘当值,人老还乡,得到武媚娘一壶醋的赏赐。回到乡里,以所赐红醋做引,酿醋以为营生,代代相袭,老河口的醋在他们湖北竟也成了一味特产。

传说自然不足为信,但陕西西府的武功、扶风、岐山一带的家酿红醋,的确应算醋中上品。因为以"筋薄长,煎稀汪,酸辣香"著称的臊子面,舍弃本乡本土的家酿红醋,是万万做不出那种风味的。我便想,周公作《周礼》,记载的醋必是武功、扶风、岐山的醋,此所谓"周原芜芜,堇荼如饴"的周原故土,是周公念念不能忘怀的生养之地。

酒醉人,醋也醉人。小时候在家乡扶风,就曾目睹一回醉醋的喜剧。邻居二姨取大麦、小麦、豌豆、黄豆及陈年醋糟，采中观山荆条芽，做成曲胚，然后发酵了七七四十九个日夜，淋了一瓮好醋，东家送一碗，西家送一碗，好不欢喜。却有一位老嫂子问她，我连喝你三碗醋，可把那瓮醋统统送我？二姨笑笑接口，说你喝去两碗，那瓮醋便可归你。结果以能喝醋著称的老嫂子，一碗醋还未喝完，竟昏昏醉去，一夜未醒。

唐朝皇帝李世民也开过一次醋的玩笑。他为了表彰重臣房玄龄辅国之功，特赐美女两人以代房夫人。房玄龄不敢拒绝，推说夫人肝火旺盛，脾气刚烈故不能允。李世民便召来房夫人，让她在"同意"与"赐饮自尽"之间做出选择。不想房夫人忠烈肝胆，捧壶即饮，却原来她喝下去的只是一壶食醋。因这一段笑话，传到今天，人们仍把男女性爱嫉妒竞争谑称为"吃醋"。

姜子牙辅佐周室灭了殷商，列榜大封神主。他多了一份私心，天上的星神都封给了文臣武将，大家奇怪他怎么就不给自己留一个神位呢？正疑惑时，姜子牙给自己封神了，他开开心心地封了个自己烟火味很浓的"醋坛神"。那时候，或许醋的市值是最大的，利润肯定十分可观。

醋坛神姜子牙，理所当然被敬在武功、扶风、岐山一带农家的灶屋里，受人百年、千年的贡祭。

醋作为一种调味品，的确具有不可取代的作用。它不仅营养丰富，而且有很高的保健价值，可健脾开胃，增强肝脏功能，提高钙、磷吸收率。近年，欧美一些发达国家相继刮起了"喝醋"风，其势之烈，不可阻挡，形形色色的醋酸饮料风靡市场，进入千家万户。就在我生活的西安，餐桌上要几听雪碧，掺上适量的红醋充当饮料亦渐成风气。而日本人，不仅风行醋酸饮料，且竞相食用醋蛋和醋豆。据说吃这种醋浸食品，很多人的高血压降下来了，长期不愈的便秘也消失了，面色红润，精神有劲……于是乎，国人效仿之，都有了吃醋蛋和醋豆的习惯。更有甚者，还把这一习惯从东洋岛国带到醋的故乡中国来。您别说，受到此风感染的我辈同胞，其中有我相熟的一位，原来非常吓人的心血管病，吃上醋蛋、醋豆，当真获得了药物未能达到的效果。

有人不信？好了，您不妨试上一试。

我是试了的，确实不错。但我要说，我爱吃醋的习惯，是打小就养成的呢。"娃娃勤，爱死人。"母亲在我小的时候就常这么鼓励我，她老人家这么鼓励我时，我知道她又要我上山采荆条芽了。小脚的母亲，上山不方便，但她要赶时节做醋曲，母亲的醋曲里是少不了荆条芽，她就只有鼓励我上山去采了。

村北十五里的中观山南坡，一丛一丛的荆条，追着春日的阳光，总会生出蓬蓬勃勃的嫩芽来。西府人家，哪一家又能不酿醋呢！酿醋就得做醋曲。因此，我在中观山采荆条芽时，总会遇到不少人，大家寻寻觅觅，都在采摘荆条芽。于是乎，中观山上的荆条年年生芽，却年年不见长，好像永远都是那么矮矮的一丛。我便想。中观山南坡的荆条，都只是为农家酿醋而生的呢。

嫩嫩的荆条芽有种苦涩的香味，也不知是谁的发现，却成为做醋曲必不可少的添加料。而在饥荒之年，采回家来，拌上些许杂面，蒸成麦饭，亦然可以果腹充饥。而做醋曲，只消在滚水锅里一烫，捞出来沥干，与母亲早已备好的五谷糟粕搅在一起，堆在或方或圆的木范里，蒙上一层麦秸，人站上去，左转着踩九圈，右转着踩九圈，踩实踩硬了，阴在屋里的一角，任其发酵糖化。

我留意过制作醋曲的五色粮食，有豌豆、高粱、大麦、小麦和糜子。其中的大麦和小麦，还要湿了水，逼出须根和麦芽，然后放到太阳下晒死，与其他三种粮食一起，架火焙得半熟，上了石碾，碾得分不清五色粮食的样子。有人总结说：中国的好酒是四川的五粮液；中国的好醋是武功、扶风、岐山的五粮醋。

这就要请出醋坛神姜子牙了。

家里的那纸醋坛神神像，像灶神、土地神一样，都是凤翔产的那种木版画本，麻纸的质地，套印了大红大绿、杏黄靛蓝的颜料，显得十分俗气。这样的俗气不是低俗，而是大俗中含着大雅的俗。一纸醋坛神，进入我家有些年份了，不用的时候，母亲小心地收在她衣箱的底层，要用了再请出来。请出醋坛神了，母亲要折几根皂角刺，别在靠放醋曲的土墙上，前面置一方凳，供上香炉和灯盏。于是，在一个长长的酿醋过程中，醋坛神姜子牙的神位前，香火不断，灯火不灭。

六六三十六天的发酵糖化，醋曲成了好醋曲，敲碎了，碾细了，浸在一口大缸里，烧焦了的黑馍可以扔进去，烧煳了的锅巴也可以扔进去，如此又是六六三十六天，母亲就把竹编的筐篮取出来，底下铺上麦草，端端正正地放在醋坛神的神位前，倒上多半筐篮的陈年醋糟，舀来发在大缸里的醋曲，翻翻搅搅，搅搅翻翻，翻遍了，搅匀了，抓一把，成一团，扔下去，散一堆，大功就算成了一半。笪篮还要盖上厚厚的棉衣，披上一绺麻，一点红。

我一年两次，总会看见母亲庄严神圣地做这一切。

一次叫年醋，一次叫热醋。顾名思义，年醋的醋曲发酵时间长，无论如何要翻过一个年才行；而热醋就不那么持久，是对年醋的一种补充，酿造的时间短得多，差不多在三伏的末伏来做就行了。母亲的醋做得好，我们村众人皆知。每一次做醋，母亲都能保质保量，好像从来都不曾失手。而对另一些做醋的女人，似乎就没那么幸运，常会把醋做失手了。特别是在笪篮里发酵的时期，就成了醋好醋坏的关键。揭开人家的笪篮，扑鼻的是一味浓浓的醋香；揭开自家的笪篮，扑鼻的却是一股浓浓的酸臭。怎么办呢？就只有来请我母亲了。

母亲有着十分丰富的救醋经验。

母亲被请了去，只消揭开笪篮嗅一嗅，看一看，就会开出救醋的方子来。是醋的糟粕软，她让拌一些干曲；是醋的糟粕硬，她让添上一些陈醋；而对于不软不硬的糟粕，她也有办法补救，招呼主人家碾两碗碎黑豆，或者半碗芝麻，搅进醋的糟粕里，准能救出一料好醋。

醋的糟粕热了，散发出了醋的香味，就该上瓮淋醋了。这是成醋的最后一道程序，醋把式的母亲把两个淋醋的瓦瓮高架在醋坛神的面前，从井里绞来清冽的凉水，一勺一勺地续进淋醋瓦瓮的糟粕里，便有晶莹红亮的醋液，透过醋糟的过滤，从淋醋瓦瓮底角的小小竹筒接嘴中淅淅沥沥地流出来。

头一碗醋，母亲是要献给醋坛神的。

醋坛神到这时候，也显得生动起来，清癯的一张脸上满是慈祥的微笑。

母亲这时会把香炉里的香头吹得更红一些，还会把灯盏里的捻子拨得更亮一些。在此后三五天里，家里家外，到处都氤氲着西府红醋浓郁的香气。在这些个日子里，人也不感冒，也不咳嗽，好像原来感冒咳嗽的人，也会突然好起来。

醋淋出来了。醋糟也不能白扔，母亲会细心地握出来，滤掉其中的杂质，留下醋糟里的淀粉，合上麦面，或用笿儿（一种薄铁皮制作类似铜锣的炊具）在沸水上漂，或用蒸笼在锅里蒸，做出来的醋糟粉，既筋道又香郁，是一份独具风味的民间小吃哩。

          2017年5月28日　西安曲江

第二辑 知乎情味

把祖宗请回家

《品味》杂志的记者王明,昨日来我府上采访,说他们本期杂志要做个过年的专栏,希望我能就此说几句。听了王明的采访要求,就没做什么思考,开口就说,过年了,我要把祖宗请回家来,和祖宗们一起来过年。

如果我没有一大把年纪,可能说不出这样的话来,年纪大了,我不能不这么想,也不能不这么做了。

这是我们民族文化最可宝贵的地方。尊亲爱祖,如唐代诗人王维在他《九月九日忆山东兄弟》诗中说的,"独在异乡为异客,每逢佳节倍思亲"。大家知道,九月九日为我国传统的重阳节,这一日,人们是要登高怀亲的。后来,又为这个日子赋予了新的内容,亦即我们今天的老人节。王维的一句话,提醒和影响着我们,任何时候都不能忘记我们的亲人,同时,更不能忘记我们的祖宗。

起小的时候,在扶风县的老家过年,都是要跟着家里的长者,赶在年三十的时候,举着灯笼,端着香裱,到祖坟里去,把祖宗请回家来,让祖宗陪着我们,我们伴着祖宗,一起来过年的。谁家如果不请祖宗回家,所谓的团圆年,就难说团圆了。

这是重要的,来不得半点马虎。

我始终记忆在心的,到了年三十的下午,父亲净手净脸,也监督我们兄弟几人净手净脸,然后由最小的我,走在最前面,举着一盏点燃了蜡烛的灯笼,其后是我的几位哥哥和健在的父亲,他们手里有端托盘的,有拿纸货的,鱼贯地走在去祖坟的路上……这个时候的故乡田野,到处都有如我们父子一样请祖宗回家的队伍。我们到了祖坟,给长眠在这里的爷爷、奶奶们,烧纸、祭酒、焚香,并呼唤祖宗们的名讳,给他们说一年的收成,说家里的情况,还说大家想念他们,要请他们回家,一家人团团圆圆过个年……不是因为我小,其时的我,一点都不怀疑,我们的祖宗是被我们真的请到了,走在我们中间,和来请他们的我们,走在一起,走回到家门口了,把祖宗们让在前头,看着祖宗们走进了家门,我们还要在大门口燃一挂鞭炮,而家里已在上房开间,如今天的客厅,摆放好八仙桌,把祖宗恭敬地安顿起来。

祖宗在这里是一座一座木质的牌位,上面书写着祖宗们的名讳,我们兄弟跪给祖宗,从初一到十五,在把祖先依例送进祖坟前,我们与祖宗一起过年,我们吃喝什么,敬献祖宗的也是什么,祖宗牌位上的水酒不能断,祖宗牌位前的灯不能灭,祖宗牌位前的香火不能熄……我们尊亲敬祖,祖宗与我们血脉相传,我们是祖宗的贤子孝孙。

破除"四旧"的声浪,突然地高涨起来,特别是"文化大革命"的时候,没人敢把祖宗请回来过年了,但谁又能忘了祖宗,不爱亲近的祖宗呢?

发生在我们村上的一件事,是令人啼笑皆非的,但我在写这个事的时候,却没有啼笑皆非的情绪。在"文化大革命"如火如荼开展到1968年的时候,我叫三爹的老人,不敢明目张胆地去祖坟请祖宗,要过年了,他就天黑透后,在胳肢窝揣了烧纸,偷偷窜进村野里的祖坟,在这个坟头上跪下了,招呼一声这位祖宗的名讳……三爹不晓得,有一个邻村的猎户,把一杆猎枪,装满了枪药和铁砂,悄悄地瞄准着他……这个猎户发现这个坟地里,有狐狸的洞穴,他想过年的时候,捕获狐狸,为他的年节增添些年的乐趣和内容。他把来请祖宗的三爹当成狐狸了。三爹的胳肢窝夹着烧纸,猎户错把烧纸当成了狐狸的尾巴,并以此判断,这只狐狸不小,该是只老狐狸呢!

枪火即时扣响,三爹应声倒地,猎户狂奔向前,他看到中枪的不是老狐狸,而是活人一个!

猎户没有逃路,他把猎枪摔在坟头里的石碑上,背起中枪的三爹,一路跑到公社医院,手术中,从三爹肉多的屁股蛋上,取出了一把铁砂。

三爹伤还没有好透,就被村里的造反派揪回村,给他挂上"旧势力孝子贤孙"的黑牌子,好一场游行。

三爹挨了一记黑枪,成了黑典型,而打了三爹一黑枪的猎户,犯了罪错的,却披红戴花,成了破除"四旧"的红色典型。

事情过去快四十年,黑典型的三爹,红典型的猎户,都已作古不在人世。而这时候的社会风气,也大为转变,我们又要大张旗鼓地尊亲爱祖了。早前,我在西安报社工作,几位哥哥也都健在,过年时我必须回到老家,拜见几位哥哥的同时,也是要依例拜祭我们的祖宗的。如今三位哥哥相继离去,我该怎么办呢?我也老了,六十有二,我为我决定着,赶在年三十的时候,把祖宗请回来,和祖宗一起过年。

我在西安的家里,已为祖宗们准备好了地方。

2016年12月27日　西安曲江

何以为家

家是什么?

翻开《新华字典》,解释有九种之多,列在前边的,首推大家都有的"家庭",而垫在最后的是"家具""家什"等。这些我都不糊涂,我糊涂是夹在中间,被指从事某种专门工作,或掌握某种专门知识技能,以及经营某种行业独具某种身份的人,例如军事家、科学家……这是好理解的,也好认识。然而除此之外呢?我没办法理解,也没办法认识,我就只有糊涂了。

常听人称我为作家,还听人有时称我为小说家,有时则称我为散文家。我是什么呢?我心想我,倒最愿意接受的,是老家人议论我的,说我是写手。这非常切合我的实际,写了多半辈子的字,毛笔字,钢笔字,铅笔字……一概的,都是自己动手写来的,写着写出了一些文章，出版出来，我就成为作家了吗？我是心虚的，我觉得我还只是个写手。

与我同时代的人，自诩他诩的作家太多太多了。坊间曾传言，扔一块砖头出来，砸着的人你问，人家会无不自豪说他是作家。

作家如此，那么其他的家呢？

提得起毛笔的书法家，拿得起画笔的画家，此外还张开口能唱的歌唱家，吹得了笛子的音乐家，能吼两嗓子的戏剧家，逗得了人乐的曲艺家，剪得了窗花的民间艺术家……这家那家的，放眼看去，随便一个人，都是一个家呢？

文学艺术界如此，其他行业也不落后，传统中的七十二行，各行有各行名目繁多的家，现在又派生了许多新的行业，自然也要有自己堪可称家的理由，不如此，在社会上就混不舒服，混不久长，混不出自己的模样来。

社会上，流行"家"，市场上流行"家"，家来家去的，家的情况并不乐观，被识者一针见血地指出，都是"砖家"。

嘿！这太伤人了。这让千人万众的家们，情何以堪。不过,我倒觉得那一声"砖家"的断喝,和有些让人警醒的凌厉,是很值得我们一听的。试想头戴"家"之冠的人,自己盛气凌人的"家"语,自己高屋建瓴的"家"言,自己又"家"出了什么值得人尊重、值得人拥戴的成就?

关键就在这里,没那个成就,却装出一个"家"的样子,最后只能落一个让人不齿的"假"了。

诗人们与此倒很清醒,他们写得好,写得不好,一概地都不以"家"称,而坚持"人"称。

这是难能可贵的,坚持做人,做个于私于公,做个于人于己有用的人,才是最可值得的呢!

成家不难,做人不易。我想以我自己为例,最早不过是个农民,后来又学了木工、雕漆的手艺,在乡里挣口饭吃,倒也心安理得。然而虚荣心作祟,提起笔来瞎写,写了些劳什子的小说、散文,社会上就被人作家、作家的叫上了,获了些文学奖,突然地在人叫我时,还要加上"著名"二字。平心而论,在我的心里,我知道我写作,不论小说,不论散文,是远不如我的木工手艺好,是远不如我的雕漆手艺好。可为什么我木作、雕漆,虽然也颇受当初邀请我的人们尊重，却不能被人称为家，只是说我是个好匠人？我为此还苦恼过，年过耳顺之岁，才突然意识到，匠人于我，才是最可称道的呢。

我在朋友武强兄的帮助下，于秦岭北麓的魏家岭村，租房办起了"吴木匠作房"，在我兴致来时，到那里动一动锯子，动一动凿子，动一动刨子，做件什么小家具，倒是非常惬意，既养我的身，又养我的心，让我重新做回一个匠人。

我身怀作为匠人的意识，却也并不讨厌他人成家。但我想说，当一个人徒有虚名地给自己戴上顶"家"的大帽子，他还可否找得见自己的家？

我们的问题是，当"家"儿们泛滥的时候，又正是被忽视甚至被毁坏的时候。

试想一下，先前之前的王道中国，过渡到孔子之后的家道文明以来，数千年时间，家在中华文明史上，是多么辉煌，家是一切社会生活的根本，我们耳熟能详的家国天下、家国情怀、保家卫国等词句，家都毫不客气地排到了最前边。这里所说的家，一定不是计划生育以来的小家，而是具有历史传承的大家，这个家传承在每一个种姓的祖坟碑记上。可是现在，有多少人能幸福地进入自家的祠堂?有多少人能庄严地驻足自家的祖坟?

  祠堂里的家,是每个人精神的涵养地。

  祖坟里的家,是每个人灵魂的栖息地。

           2016年9月13日 西安曲江

家与业

敬佩祖先的智慧，经验性地总结出"成家立业"这个词句。

成家在前，立业在后，紧密相结，紧密相连，指导着我们的生活，幸福着我们的生活，成为我们生活里，不是戒律，却胜似戒律的一种文明，一种文化。回头看来，我们自己，我们父辈，我们祖辈，以及祖祖辈辈，因为一句"不孝有三，无后为大"的话的提醒，差不多全在适婚年龄，就都结婚成家，走进自己的婚姻，开始共同立业的道路。

不能说先成家，后立业的婚姻，就多么美满，就多么幸福，但可以说，因为成家在前，立业在后，而且是共同立业，所以婚姻的基础相对稳固，离婚率相对也要低很多。

这一经验到了今天，遭受了非常严重的挑战。网络上的调查，醒目地告诉我们，我国的一些城市，离婚率几近40%，而更多的城市也在30%以上。这个数据刺激着我这个年过花甲的人，感觉不怎么舒服，甚至还有点堵心。不知道，当代的婚姻生活，何以如此轻率，何以如此脆弱。

我就想了，问题也许是多方向的，用有些时尚评论人士的话说："离婚率高的现象，从侧面证明，是我们婚姻关系的一种进步。"我虽然不能苟同这一观点，但我也不想纠缠其中，口舌一场口舌不清的口舌。我想说的是，家与业的关系，对我们婚姻产生的影响是值得探讨的。

与以往先成家，后立业的婚姻状态不同的是，现在的婚姻，大多时候，大多适婚之人，与过去掉了个头，都倾向于先立业，后成家。历史上，一些仁人志士也有过先立业，后成家的豪情，那是因为国家有难，他们挺身而出，喊出"何以家为"的豪言，这是可以理解的，也要给以充分的肯定和表扬。今天的国家，不断地迈向富裕，不断地迈向强盛，已经傲然地屹立在世界民族之林，我们没必要来场"何以家为"的壮举。我想我们应该理性一些,认真地对待我们的婚姻,不要使正常的婚姻,干扰了我们的生活,烦扰了我们的发展。

被人邀请,这些年吃了好几次离婚酒。

我所以被他们邀请,去吃他们的离婚酒,除了我是他们的朋友,他们信任我,在他们结婚的时候都也邀请了我,吃了他们的结婚酒,还作为来宾代表,为他们发表了结婚致辞。我能记得给他们的致辞,少不了互谅互让、幸福美满、白头偕老的句子。可是他们没有做到,不仅头发没有白,甚至还没有怎么享受婚姻生活,却已走到要吃离婚酒的地步,这叫我为他们惋惜的时候,不得不想,他们怎么就非得奔离婚而去?

我想不明白,苦恼地想了些日子,突然地想起,吃了离婚酒的他们,都太优秀了,在他们走进婚姻殿堂时,无论男,无论女,可是都有了一份自己的事业,换句话说,他们都有了一份不菲的财富累积,他们人是快乐走在了一起,但是财富呢?也能融洽地走在一起么?

这个问题太复杂了,太不好解决了。

聪明一些的,婚前对各自的财富都做了公证,用法律保护起来。便是如此,也无法真正解决问题。就在上周六的晚上,我吃了一对朋友夫妻的离婚酒,就知道他们在结婚前,就对他们各自的财富,坦诚认真、开诚布公地公证了,却也没能保护好他们的婚姻,事到如今,坐在一起来吃离婚酒。要知道,我们这对朋友夫妻,为人做事,都极有分寸,而且也极为理智。他们邀请几位朋友,来吃他们的离婚酒,朋友们没人想得通,其中有位朋友,借着酒说了一句话,顿时使我茅塞顿开,知道他们所以要吃离婚酒的原因了。

那位朋友说:好好的你俩,都是被钱害了。

我赞同那位朋友的话,也深以为然,财富这个东西,因为先立业而后成家,变成了婚姻生活的负担,婚姻中的双方,都为各自带进婚姻里的财富担心,唯恐自己的财富受损,这还怎么谈婚姻?

要知道,婚姻这个东西,感情是第一位的,如果因为财富,让感情退到次要位置,变成财富的附庸,结果大概只有喝离婚酒了。

怎么解决这一问题呢?我不是诸葛亮,没有那锦囊妙计,而且也无力改变今天适龄婚姻的年轻人,能如老祖宗一般,先成家,后立业。他们有他们生活的时代,他们有他们选择的自由,这是谁都要尊重的。不过,我还是想说,怎样处理家和业的关系问题,还是值得认真对待的,每一个人有每一个人的现实,每一个人有每一个人的思考,在社会生活多样化的今天,婚姻生活的多样性也是必然的。

最好的办法是,在这样的多样化中,不要使自己情感生活太受伤就好。

2016年8月6日　北大博雅

家的样子

居住在钢筋混凝土结构的楼宇内,在装饰布置上,可谓费尽了心思,却总是感到难尽如人意,不仅活动的空间小,而且缺少阳光的清明和地气的爽朗,尤其在炎炎的夏日,更感到热浪滔滔,苦闷难挨。不由怀念起绿荫匝地的农家小院,集纳着乡野的灵气,洒落着沁凉的清新,那是一种怎样舒心惬意的享受啊!

黄土平夯的院落里,有一棵枣树,有一棵桑树。枣树下置了一方捶布石,黑油油的石面上,光洁如一面镜子,母亲和姐姐织下土布,用心地浆了,在太阳下晒得还余一点潮气,收起来,折成一厚叠的布坯,平铺在捶布石上,母亲和姐姐便会轮换着举起两根枣木棒槌,很有节奏地在布坯上捶打。即使不在小院,老远也能听见母亲和姐姐的捶布声,节奏忽儿紧,忽儿慢,听着不啻一曲美妙的打击乐曲。听母亲讲，布坯只有浆了捶了，才更耐穿呢！桑树下置了盘石磨，上世纪70年代以前，石磨还很忙碌，隔不几天，母亲会借来集体的牲口，套在磨道里拉磨，沉重的石磨转起来，轰隆轰隆地响。不知道为什么，我特别讨厌石磨转动的声音，也怕见牲口戴着暗眼，绕着石磨转圈的样子，感觉一个鲜活的生命，非被那低沉的声音碾碎了不可。但极喜欢磨缝里不断流出来的碎麦粉，母亲用簸箕收起来，倒进磨道旁的一个面柜的箩儿里，咣啷咣啷箩出细细的面粉来，那可是养命的蒸馍和面条啊！更细的面粉飞扬起来，扑在了母亲的手上和脸上，使母亲看起来白了漂亮了。后来通了电，石磨子不再用了，可是到我离家而去时，石磨还在桑树下盘踞着，显得很沉默的样子。

枣儿熟了会落下来。

桑葚熟了也会落下来。

一个在夏天，一个在秋天。桑葚、枣儿落地的日子，最是小院热闹的时候，母亲会招呼几个大人，撑起一个布帐，摇着树枝，让桑葚、枣儿落下来，接住了，收在一个篮子里，送给一村的人，都尝上一口。

小院里还开着一方小菜园，找来一块一块的半截砖，沿着菜园的周边，狗牙似的栽起来。春上的日子，母亲给小菜园先是施上底肥，把土刨得虚虚的，点上两行豇豆，栽上两行韭菜，又种上几窝丝瓜和油葫芦，以及三两株向日葵，地表的土一干，母亲就浇一遍水，菜苗长出来，扯出蔓来了，母亲就搭起架子来，到入夏至秋的一段日子，小菜园的收成，让母亲的锅灶上，总是特别的丰富多彩。来客人了，也不用着急，摘一把豇豆，割一撮韭菜，还有丝瓜、葫芦什么的，也采来一些，或清炒，或干煸，或油焖，凑在一起，就是一顿好饭了。如果是朋友稀客，还会摆上酒杯，亲亲热热地碰了，"吱喽"一声喝下去，脸上便都起了红晕，嘴头上也就放得开了，说一说久不见面的相思之情，聊一聊听来的乡间趣事，这样的日子，是怎样的逍遥自在啊！

好读闲书的我，时常就坐在小院里，任凭蝉儿在树梢上聒噪，任凭蝴蝶从头顶飞过，我喝一口凉茶，翻开一本喜爱的书，钻进墨香四溢的文字中去，有滋有味地品读着，一忽儿可能手拍膝盖，怒骂出声，一忽儿又会眉喜眼笑，呵呵自乐……这才是家的样子啊！

离家太久了。怀念家的样子，感觉又清晰又模糊，意识里乡下的家便成了一幅绝好的水墨画。

豆棚瓜架、蝶飞蝉鸣的农家小院，宛若世外桃源，梦里已回去了许多次，和已经仙逝的母亲，还坐在枣树和桑树下，母亲忙着她的家常，我在一旁读着书。梦醒了，我给妻女说，真想远离喧嚣的城市，抛开碌碌的功名，作别蜗居的楼屋，回到母亲留下来的农家小院里，让心通通透透地安静下来。

2003年12月10日　西安后村

囚在家里

囚子。

那年在杜鹏程先生的带领下,去他的老家韩城采风,深入井溢村、党家村几处颇具韩城乡村风格的村落,与村民们座谈,有些话我怎么都听不懂,特别是他们把自家的婆娘媳妇,都不这么称呼,而是一句"囚子"就都包括了。对他们的这一称呼,我是抵触的,以为他们太不开化,太歧视女性了。然而过了许多年,我倒是有所理解,觉得他们那么称呼自己的婆娘媳妇,还是有些道理的。

那个"囚"字,仅从《新华字典》的解释来看,是不怎么好,统共几个词例,不是囚犯,就是囚笼,再就是囚首和囚禁,把自己的婆娘媳妇用这个字来称呼,的确有失公允。但这只是《新华字典》的解释,韩城人另有他们的解释，说是方方正正的一个"口"字，就是方方正正的一家庭院，是为家的庭院里，怎么能少了"人"呢？他们这么解释，我们还能反对吗？似乎不好反对了，不仅不能反对，似乎还应该认同。

韩城的文化遗风，对此做着非常厚实的证明。三秦诸县，哪个县比得过韩城人对家的爱护和树立？就我去过的井溢村、党家村，家家门楣，不是"读书第"，就是"耕读第"，不是"翰林第"，就是"居仁第"，此外就还有"和致祥""慎和谦""孝悌次""忠厚家"等等，不一而足。关键的，还有他们一家一户流传下来的家训，更是让人敬服，我有张采风纸片，就抄录下了党家村村民一致推崇并遵守的家训，内容是：其一，事能知足心长惬，人到无求品自高；其二，傲不可长，欲不可纵，志不可满，乐不可极；其三，动莫若敬，居莫若俭，德莫若让，事莫若咨；其四，言有教，动有法，昼有为，宵有德，息有养，顺有序；其五，心欲小，志欲大，智欲圆，行欲方，能欲多，事欲鲜；其六，富时不俭贫时悔，见时不学用时悔，醉后失言醒时悔，健不保养病时悔；其七，无益之事勿为，无益之人勿见，无益之书勿读，无益之话勿说。正因为他们有着如此完备的治家文化，所以在韩城的历史上，家风正，学风亦正，韩城被人称为"文史之乡"，这不仅因为西汉时的史圣司马迁，还因为宋朝的大诗人张昇，明朝的宰相薛国观、户部尚书张士佩、宣府巡抚刘永祚，到了清朝，更有状元王杰、刑部尚书张廷枢等。有人统计过，宋、元、明、清四朝，韩城人考中进士的达115人，其中状元2人。与韩城人闲聊，文雅些的，说他们"士风醇藏"，为"解状盛区"，民间些的，则说"下了司马坡，秀才比驴多"。

这样一个文脉昌盛的地方，他们称呼自己的婆娘媳妇为"囚子"，到头来，我能解释的，就只能是他们的解释了。"囚"是一个家，家里要有"人"，这个人就是"囚子"。

家在韩城是这个样子，在别的地方和方面呢？还有太多太多的解释，绝对不是"家"字字面所呈现的，就是一座房子下，养着一头猪。这叫人可太泄气了，远不如韩城人的那个"囚"字用得好。家在不断地发展，到今天，运用得真是一个广，教育家、医学家、科学家、文学家、演说家、艺术家……谁在哪个领域做出突出贡献，都会得到一个自己想要的"家"的名讳。

然而这是不够的,所有的"家",最后都要归于自己的小家里来,成为如"囚"的一个家人。

这是韩城人关于"囚"字运用的一个新发展。过去的时候,男女受教育的程度不同,女人处在一种弱势的地位,她们为人妻、为人母,"囚"在家里做个好女人是不错的,现在不一样了,男女平等,就不能只是女人"囚"在家里,男人也可以"囚"在家里的。我把自己便开开心心、自自然然地"囚"在家里,自觉自愿地做自己在家里想做、能做的事。

乐囚,是我近十年来最为自在快乐的一种生活状态。许多的宴请,许多的茶叙,还有许多的出游,都被我选择性地推却掉了。我不知道那样的热闹和繁荣,于我有什么用处?倒是觉得自囚在家,读些自己年轻时想读没时间读,或者读了没怎么读进去的书,同时把自己过去的生活,以及过去的体会和感悟整理整理,来了情绪,就捉起笔,写一些自己乐意写的东西,倒是非常的享受,且非常的安慰。

生活在一个门里的三口,不仅我是个乐囚的人,便是担任一定职责,有自己工作的妻子,和我们在国外读研、读博的女儿,也是两个乐囚的人,一有囚在家里的机会，就一定会开开心心地囚着，其乐融融，好不愉快。

　　我为此高兴着，知道妻子、女儿还没我常自囚在家里的条件，她们一个要上班，一个要上学，但我时刻感受得到，她俩身体虽然不在家里，但把心还是囚在家里，和我在一起。

2016年3月25日　山西太原

家不讲理

表弟会娶,娶了个博士生。

表弟前两日携妻抱幼,从北京回到西安,约我们一起聚餐。他的博士生妻子起身敬酒,敬到我的身边,给我说了这样一句话。她说她和我表弟把我在他们婚礼上的讲话牢牢记着,并认真地落实着,他们不会辜负我的讲话。表弟的博士生妻子这么说着,把她端在手里的红酒和我碰了一下,她快活地喝了,我也快活地喝了。不过我在想,在表弟伉俪新婚的典礼上,我代表嘉宾亲朋都说了什么话呢?认真地想着,我想起来了,我讲话的主题就只一句话:家不讲理。

是啊,谁在家里讲理呀?

我记忆我是这样给两位新人说的,婚姻是一所学校。尽管你们都怀揣大学文凭,学有成就,但你们走进了婚姻,才发现有许多东西还要学习,而且学期很长,需要你们两人携手一生,去不断地学习和实践。在这个只有开始,没有终点的学期里,会有许多问题要解决,会有许多事情要处理,但你们不要怕,你们有办法,而且是个打得开百把锁的万能办法。这个办法是一个字,这个字就是"爱"。

是的,家里只讲爱。

爱是婚姻这所学校学而不倦的一门学科。无所不能的爱,是家庭前进的动力,是家庭成功的保证,是今天发展的方向,你们爱自己,爱自己的父母亲人,爱一切可爱的人、可爱的事。然而爱是不讲理的,这是多少夫妻、多少婚姻、多少家庭,用了多少岁月、多少心酸、多少是非,在纠缠不清、难分难解的混沌中,梳理出来的一个结论。清官难断家务事,别在婚姻生活中讲理,唯有爱,不是一时一事的爱,而是不讲理的爱,一生一世,其中的妙处,在进入婚姻学校后,将以婚姻的生命为代价,一次次学习,一寸寸体会,就一定会有幸福的收获。

当然,婚姻的学校还有"思念",还有"艺术",还有许多要学习的东西。婚姻生活所以有思念,那是因为两个人，一个欣赏一个，一个鼓励一个，一个关怀一个，一个疼爱一个，刻骨铭心，不想自拔。婚姻生活所以有艺术，那是因为两个人有激情，有才华，哪怕是做一顿饭，加点儿艺术的元素进去，也会其乐无穷，成为日后的趣谈，哪怕是吵一回嘴，加点儿艺术的感觉进去，也会破涕为笑，成为日后的笑谈。

总之，两个人从陌生到熟悉，再到相爱，然后走进婚姻的生活，不仅都要努力学习，还应努力奉献。婚姻生活里，各自奉献得越多，得到的回报也就越多。很多人结婚时，对婚姻抱着太多的期许，期望从中得到富贵，得到慰藉，得到宁静，得到快活，得到健康，得到他们想要得到的一切。这没有错，美好的婚姻生活，有太多这些美好的愿望。关键在于，走进婚姻的人，可也做好了学习与获取这些美好愿望的准备？

我要说，我的表弟和他的博士生妻子，用他俩的实践，已经很好地回答了我。

表弟的博士生妻子和我碰酒说话，餐聚的亲友都听到了。大家一哇声地呼应，端起酒杯，又为我的表弟和他的博士生妻子庆贺了一把。他们夫妇都在北京工作，都有自己不错的事业，而且还不耽搁家庭生活，十月怀胎，养育了一个胖乎乎的小崽子。我们从他们幸福美满的笑容里看得见，他们的事业在蒸蒸日上，他们的生活也在蒸蒸日上。

2016年8月17日　西安曲江

老婆会

张三的婆娘真能干,
脚拉风箱手擀面,
奶头尖尖擦洋火,
屁股蛋蛋烙馍馍。

流传西府的扯谎歌就是这么生动幽默,四句一首的《巧媳妇》,于滑稽不经之中,深刻地道出了西府婆娘的能巧和无奈。"脚拉风箱手擀面",想一想哪儿的婆娘有这样的能耐,只有关中西府了,婆娘们任谁都有一手擀面的绝活,所谓"筋薄长,煎稀汪,酸辣香"的臊子面,没有哪家的婆娘不会做,做不好。然而能巧的西府婆娘,其无奈和悲哀也正包含在其中,死死活活都守在锅灶边,天天晌晌都泡在油盐酱醋里。

西府的婆娘有心也有性,她们不会抱怨灶火里的生活,只会经心经意地完善灶火里的生活。但日子久了,也会抬起被烟火熏染得更加明亮的眼睛,看一看门外的故事。正巧有一首扯谎歌,在街巷中唱起来,端端地唱出了她们的心事:

> 东西街,南北走,
> 忽闻门外人咬狗。
> 拿起门来推开手,
> 拾起狗来打砖头,
> 又被砖头咬了手。
> 骑了轿子抬了马,
> 吹了锣鼓打喇叭。
> …………

西府的婆娘这样地走出门来了。"骑了轿子抬了马,吹了锣鼓打喇叭",哪里有这么热闹的事儿呢?"东西街,南北走",这么热闹的事儿在扶风县城的"老婆会"上。

扶风县城的老婆会,是有些来历了。最早如各地的州府县衙所在地一样，都会修筑一处城隍庙的，扶风县自然不会少，而且建筑规模相当宏伟，在关中诸县，数不上最大最豪华，却也名望远播，因此，以城隍庙而立的庙会大有吸引力，逢会的日子，人山人海，道路为之拥塞，吆喝声、叫卖声，声声震天。后来叫成了老婆会，是有一个很好的故事，待后再给大家传说。

先说"城隍"。所谓"城隍之祀，始于上古"。"城"的原意为"廓"，"隍"的原意为"水"，即护城河是也，连用便泛指了城池。唐宋之时，封建社会高度发达，城市人口集中，商贸繁荣，城池地位日显重要，城隍庙遂普及各地，作为城池守护神和地神的城隍香火，自然是水涨船高，日益旺盛起来，官员赴任时，必先到城隍庙祭告，宣誓就职。

明太祖朱元璋更是一位笃信城隍的皇帝，在他的心头，自然神的城隍被注入了太多人间英雄的品格，一下子变成了人鬼神。朱元璋还对礼官说："城隍神历代所祀，宜新封爵。"洪武二年，颁旨天下，为城隍分封爵位，除封京都等六处要塞城隍为王爵外，凡府城城隍皆封为公，州城城隍皆封为侯，县城城隍皆封为伯。到洪武二十年，朱元璋更颁旨把南京城的城隍封为帝，统领全国各地各级城隍神，"以监察民之善恶而祸福之，俾幽明举不得幸免"。城隍神的职权因此也发生了根本的变化，从以前的守护城池，一下子发展到保障治安、水旱凶吉、降福禳灾、科名挂籍、冥间物事，甚至邪魔鬼怪、猛兽虫毒的藏迹敛形等事务也要管，城隍赫然成为中央到地方的最高神了。

扶风县的城隍庙会演变为后来的老婆会，实实在在得益于朱元璋对城隍神的提携和封赏。传说至今的说法是，明朝初年，一位跟随朱元璋南征北战的小卒，有幸被选派在扶风县当了县太爷。这位小卒出身的县太爷，没多少文化，而他娶的婆娘却识文断字，因为兵荒马乱，逃灾避祸，到嫁给小卒县太爷时，一对大脚很是惹人谈笑，而夫妇俩全然不顾，谁爱怎么笑谈就怎么笑谈去好了。亏得夫妇俩心大量大，还都时刻惦记着百姓的生活，特别是这大脚婆娘，在一年城隍庙会上，来到进香求愿的老婆中间，向来自四乡八社的老婆们询问家道民情，没见过世面的老婆们都躲着县太爷的大脚婆娘，一句也没人答。其中偏有一个大胆的老婆，问县太爷的大脚婆娘说：能让我摸一下你的脚吗？摸了你的脚我就有话给你说。县太爷的大脚婆娘当时便红了脸,脸红归脸红,她要知民情,就只有血色着脸让那老婆摸了她的脚,而她也得到了她想了解的下情。那老婆来了兴致,还给县太爷的大脚婆娘唱了一道《猫儿点灯》的扯谎歌:

  这灯,那灯,
  猫儿点灯。
  老鼠吹灭,
  蝇子告状,
  告出皇上,
  皇上推磨,
  推出他婆,
  他婆碾米,
  碾出她女,
  她女锄地,
  锄出她姨,
  她姨没处来,没处去,
  门背后挖个窝窝,
  窝窝里存个响屁,
  …………

那老婆起头摸了县太爷大脚婆娘的脚,接着就有许多老婆都摸了县太爷大脚婆娘的脚,也都和县太爷的大脚婆娘说了话。据传,就在摸脚说话之后,县太爷雷厉风行,处置了横行乡里的几个恶霸,因此大得人心,到县太爷调任,带着他的大脚婆娘离开扶风县时,万人空巷,垂泪相送,一直送出县境八十里。县太爷的大脚婆娘还为送行的百姓唱扯谎歌,唱的就是《猫儿点灯》,唱了一遍又一遍……

这位县太爷和他的大脚婆娘在扶风待了几年时间,年年开春的城隍庙会,大脚婆娘都会到老婆们中间来,让老婆们摸她的脚说话,所说都是心里话,说时不免笑,不免哭,不免骂,任老婆们笑也好,哭也好,骂也好,县太爷的大脚婆娘一概不急不恼,她和老婆们贴心贴肺,融洽和睦,她成了老婆们的贴心人。一年一度的城隍庙会,一年比一年来的老婆多,到大脚婆娘和她的县太爷丈夫走后也未见衰落,发展到后来,城隍庙会倒被人忘记了,习惯渐成自然,城隍庙会便成了流传到今的老婆会。

多年的媳妇熬成婆,只有熬到堪称老婆的时候,才有资格到县城的老婆会上去热闹。而要熬到堪称老婆的时候，要经历三个漫长的过程，头一个过程是在娘家做姑娘的时期，这个时期多梦而短暂，这从她们的称呼上就能体会得到，所谓姑娘，也就是她们姑且长在娘家的意思，"女大不可留，留下结怨仇"，姑且长在娘家的姑娘，虽然多梦，却可能一个梦还没做完，便吹吹打打地送出了娘家门，进了婆家门。称谓在这一出一进中便有了变化，姑娘变成了婆娘，为婆娘的时期最受苦，要生儿育女，要料理家务，这时期的心几乎被分成了两瓣儿，一半操心着婆家，一半还要操心娘家，在婆家住得久了，拖儿带女吆鸡撵狗回娘家再住些日子，熬几日娘家，却想着婆家的事，又急匆匆回到婆家，婆家娘家来回走动，不叫婆娘叫什么。"婆娘"的称谓，之于她们实在是又现实又劳累。这下好了，儿大了，女嫁了，她们被人称为老婆了，家务活全推给了小的们，而娘家的心愁操也操不上了，剩下只有等着老死婆家的日子了，唯一的热闹是到县城逛老婆会了。

老婆会的热闹，在九州天下是独一无二的。三几天的老婆会，清一色都是黑衣黑帕的老婆子。在扶风县城工作了好些年，正经经历了几年正月二十的老婆会，一生辛苦的老婆们，在老婆会上是一次精神大解放，她们不用急着回家，五人一群，十人一伙，满县城都是来逛老婆会的老婆子。

老婆们一到县城，城隍庙是必须祭拜的，烧纸、香裱的生意特别好。城隍庙如今成了文物，发了禁文，只许祭拜，不许烧纸，这下可好，全县城到处都成了祭拜烧纸的场所，用手指随便在地上画个圈，嘴里便念念叨叨地烧开了。是夜，扶风县三条大街二十四条小巷子，仿佛是纸烧的火龙。烧纸既是为了祭祀城隍，也是为了纪念自家死去的亲人。一堆纸火，有一堆纸火的心愿；一堆纸火，有一堆纸火的期望，闪闪烁烁，明明灭灭……成群结伙的老婆们好像特别来精神，在纸火燃烧、纸灰飞扬的县城街头席地而坐，拉起了家常。

老婆们只有拉家常了。拉家常对她们来说是一种倾诉，是一种宣泄，她们不能像老早的老婆们，可以摸着县太爷大脚婆娘的脚宣泄倾诉，就自己给自己倾诉宣泄了。开始可能是一个老婆说，说自己的难场，说自己的可怜，说到了老婆们的心伤处，大家便都说起来，也不知谁给谁说，谁说给谁听，拄着的拐棍在地上跺起来了，敲起来了，拐棍清清脆脆的跺敲声，强化着老婆们宣泄倾诉的气氛。内行的人从拐棍的跺敲声里听得出来，敲得声儿轻、声儿慢的时候，一定是夸她的姑娘了，她有怎样乖顺、怎么能巧的女儿呀，那简直是她心上的一块肉，含在嘴里怕化了，顶在头上怕吓了……跺得声儿沉、声儿急的时候，一定又是骂她的儿媳了，她有多么懒惰、多么蠢笨的儿媳呀，那真是天造的怨孽呢，给她遇着了，哎哟哟，咦吁吁，这让咋活哩？

可以说，夸姑娘，骂儿媳，是老婆会一个千古不变的主题。我便想，儿媳都是姑娘来的，有好姑娘，怎么就没有好儿媳了？再说老婆子也都是从姑娘到婆娘（为人儿媳）再到老婆的，三个阶段你老婆也都经历过了，怎么就不打个颠倒想一想呢？"要得公道，打个颠倒"，俗话这么说是大有道理的。老婆把儿媳当姑娘待，儿媳把老婆当亲妈待，还有啥矛盾不能解开。然而，问题就在这里，娘生姑娘时，娘受了疼，有疼就有爱，儿媳是外姓人家，娘没生，娘没疼，没疼就没爱。道理就是这个道理，再过千百年，这个矛盾的结也难解得开。

近些年，扶风县利用老婆会大搞计划生育和优生优育的宣传，街道上摆着宣传牌，设着宣传点，广播上、电视上播放着宣传剧，看那阵势，倒也轰轰烈烈很有些气氛,其中还夹杂了许多新型家庭关系的宣传内容,但老婆会上老婆们的拐棍该跺还是跺,该敲还是敲,仔细地去听,主题还是原来的主题。然而过去不能逛老婆会的年轻婆娘和姑娘也参加了进来,使纯粹的老婆会不那么纯粹了,声势自然有些弱了下去。

年轻婆娘和姑娘在老婆会上,一开始不是很多,而且多是陪着老婆婆来的,为的是照顾好老婆婆。慢慢地就多了起来,花花绿绿的姑娘、媳妇,使得原来一水儿青色的老婆会多姿多彩起来。她们虽然极有兴致地逛老婆会,却对老婆们的一些古旧的行为不屑一顾,专拣热闹的地方去,商家把卡拉OK搬到了街头,就有嗓子好的年轻婆娘或姑娘,拿起麦克风唱一首,唱得好,会有围观的人鼓掌起哄,让你再唱一首;也有商家挑选几个长腿细腰的姑娘,铺了猩红的地毯,让挑选来的姑娘穿了新鲜时尚的衣服,在地毯上扭着屁股腰,走来走去。

真正逛老婆会的老婆婆是看不惯这些作为的,在跺着拐棍、敲着拐棍,夸姑娘、骂儿媳的话语中,也骂几句看不惯的事物,但她们的声气儿太弱了,像飞在空中的唾沫一样,哪里是现代化的伴奏乐的对手,像是遇到一阵狂风,或是一场洪水,顷刻被风吹、被淹没了。

老婆会遇到了前所未有的挑战,这实在是一件没有办法的事。老婆婆的坚守,年轻婆娘、姑娘的侵犯,在老婆会上不见硝烟地对抗着。老婆婆才不管你年轻婆娘和姑娘怎么疯,姑娘该嫁人时必须嫁,婆娘该生孩儿时必须得生,这是天经地义的事情。老婆婆不怕你年轻婆娘和姑娘的挑战,老婆婆说了:

"你们也要老。"

"你们老了成老婆了看你们还疯不疯?"

老婆婆说了这样的话,心里的气顺了一些,从怀里掏出一截红绒绳,拴在城隍的脚趾头上(有姑娘的,祈盼一户好姻缘,有儿媳的,祈望抱一胎胖儿娃子),一路嘟嘟地戳着拐棍回家去。我就想,西府的扯谎歌,现在编出来一首会是个什么样子?

2002年12月12日　西安后村

河灯会

扶风的古会多种多样,独特的老婆会是一个,奇诡的河灯会是又一个。这样的古会,仿佛一册又一册的风俗画本,翻开来看,不只有舞枪弄棒、提袍甩袖,吼叫得喧天震地的热闹,还会有香喷喷的吃货和吃货之外的景致。例如河灯会,许多年后已经无人再逛的河灯会,让人回忆起来,却有了一种难以启齿的困窘,低了头,脸上会扑满红晕。

河灯会,顾名思义,就是在河水上放灯漂流。许多地方都有这样的习俗,唯扶风的河灯会有着不一样的内涵:放河灯为的纪念姜嫄氏。姜嫄氏为远古汉族首领帝喾的元妃,相传姜嫄祈嗣时,在郊野踩了一只大脚印,于是怀孕生子,其子聪明伶俐,好学下问,成人后教民稼穑,开创了中华民族农耕文明的先河。于是,野合生子的姜嫄氏就成了民间的人鬼神——可爱的"送子娘娘"了。

姜嫄氏郊野所踩的那只大脚印,据说就在流经扶风县城的小韦河下游的旷野上。在扶风县境的小韦河以他坚忍不拔的伟力,切削着身边的厚土,使自己最终深陷在一条曲折蜿蜒的沟谷里,两面都是数丈高的土崖,先民在土崖上凿了许多土窑洞,星星点点,遍布整个流域。

与小韦河在扶风县城东相交汇的还有一条漆水河,自北而来,显见没有小韦河粗犷浑浊,细细瘦瘦的一股,荡漾着鱼鳞般的清波,完全不知道她的清白,会懵懵懂懂撞进小韦河的怀抱,被那浑浊所污染。酸溜溜的地方文人,看惯了这一自然奇观,议论中便把小韦河改名为丈夫河,而把漆水河改名为女儿河了,到两河汇流成一河,自然又叫了夫妻河。

农历的三月初三,春日融融,春情荡漾,四乡八社的男女会踏春结伴而来,在小韦河和漆水河上放河灯。所谓放河灯,说透了,是为一种男女的野合提供一个借口罢了。"不孝有三,无后为大",一个家族,为了香火继承,还有什么事做不出来。老祖先已有例证,后来人大可不必羞报。放河灯只是一种仪式，最终目的是野合。虽是野合却不那么叫，有一个古典文雅的叫法是：踩大脚。

真该为先人的智慧喝彩了。为了踩大脚而设立河灯会，这样的创意没有大智慧是出不来，使得踩大脚的野合行为，多了一份浪漫和诗意。曾经查阅县志，河灯会却未有记载，口传也十分模糊。那么起于哪一朝哪一代呢，也未有人深究，这一切之于放河灯、踩大脚，似无一点意义。饮食男女，放河灯就放河灯，踩大脚就踩大脚，赶着这一天，说不上兴高采烈，却也是欢欢喜喜地逛河灯会来了。逛会的男女，大多都是结婚几年未能生育的人，其中不乏已有子女的青壮男子，他们的参与，是有其不可告人的目的，但没有他们参加，又是万万不能的，注定办不成一届理想的河灯会。

逛河灯会，白天都是为晚上的活动做准备，起码的准备是要有一盏河灯的。河灯的造型不像正月十五的闹花灯，灯笼要尽量做得新鲜别致，鸡、狗、猪、羊的动物灯，亭、台、楼、榭的风景灯，瓜、果、蔬菜的植物灯，应有尽有，争奇斗艳，各领风骚，怎么花俏怎么来，怎么奇巧怎么来，再奇巧、再花哨都不为过。而放流的河灯，却是越朴素越好，越简单越好，取材只有一类，青萝卜和红萝卜。青萝卜刻成灯盏的河灯男人放，红萝卜刻成的灯盏女人放。河灯会上，商家的生意就只有萝卜灯盏卖得好。当然仅有青、红萝卜的灯盏，在河水里是无法放流的，还需要为河灯做一个筏子。筏子的样式比起灯盏，显然要丰富多彩，有麦秸头编织的，也有高粱秆串联的，还有木板斫削的……筏子的前头都插着一面桅帆，男子的桅帆都是一面白帕，女子的桅帆也是白帕一面，不同的是，女子的白帕都绣了花，花样也尽可以色彩斑斓、多种多样，或是一朵梅花，或是一朵牡丹，而更多的是一朵出污泥而不染的荷花。

没有晚霞，白晃晃的太阳让人揪心地沉下西塬，亮瓦瓦的月亮从东塬上升起来，不薄不厚的夜色，像是浸染过的棉絮，填得河沟昏沉沉的，模糊了河灯会上的人眼。这时候，男人们都聚在了小韦河边，女人们都聚在了漆水河边，萝卜的灯盏添了油，一人点亮十人亮、百人点亮千人亮，西来北下的两条河一忽儿像是天上的银河了，盏盏河灯闪亮水面，在呜呜溅溅的流水中划过一个一个的倒影，好似河灯拖着长长的尾巴，在河水中沉沉浮浮，荡荡悠悠，大有千帆竞发、万乘沧海的壮丽景象。漂流中，有的河灯落水了，就会听到一声无奈的叹息，叹息的人就会停了脚步，遗憾地看着还在河水上漂移的河灯，明明亮亮地向前流去。

绿男红女的河灯，真正漂流着汇合到夫妻河里的都不会很多，差不多有半数的河灯在半途不是沉水，就是遭风吹灭，那他和她就只有等待来年了，来年再来河灯会，再来放河灯。而汇集在丈夫河里的河灯，偏巧有一青一红的河灯聚在了一起，河灯的所有者就会捞起来，一男一女走在一起，离开河灯漂摇的河流，手持着自己的河灯，相携相随，找一个僻静的地方去踩大脚，或在崖畔上的土窑里，或在附近的荒草坡上，安置好河灯，河灯里的油不尽，就一直红亮着，再有河灯相汇的两人，看见那里有光点，自会躲过去，到别处去踩大脚。等到河面上见不到一星灯光时，河两岸的土窑洞和荒草坡却又是一片灯火了。此前，踩大脚的男女，谁都不认识谁，因了河灯的引诱，陌生人竟比夫妻还亲热，欢欢喜喜地在荒郊野外，完成一次求子踩大脚野合的壮举。之后，各走各的路，男女双方，谁都不会互问姓名籍贯，两个人做了回一夜夫妻，到头来还是两个陌路人。这是一条不成文的禁忌和戒律，又都自觉地遵守着，只有那荒草坡，那土窑洞，那闪闪发光的河灯，会在他和她的心中明亮着，留下一世的念想。

有种就有收。来年三月三的河灯会，踩大脚生了儿女的，还得来河灯会还愿寄保。"还愿"者是要祭拜姜嫄圣母的，"寄保"者也是要祭拜姜嫄圣母的。所谓"还愿"，因为在河灯会上，求子的一方是要向姜嫄圣母默许若干牺牲品，现在如愿得子，哪有不还的道理。所谓"寄保"，是怕得来不易的宝贝心肝，半道有个灾病闪失，寄保给姜嫄圣母，求得一个平安无事。"还愿""寄保"的仪式，肃然而生动，求来子女的父母，一般会牵来一只活羊，或一只活猪，猪羊的头尾，都染着一坨吉祥红。活羊活猪就贡献在当年放河灯的地方，有人便燃放噼啪炸响的鞭炮，而有人会舀着河水，一遍遍往猪羊的身上浇，羊叫猪嚎，一时响彻河沟，一呼一应蔚为壮观，谁贡献的活牲声音响亮，谁就高兴，知道姜嫄圣母已领了他的情。

杀猪宰羊的刀子手，这一天都会在河边揽到许多活儿。"还愿""寄保"的活羊活猪，放了血才算仪式有终。

有种无收的人家，只能眼巴巴忌妒"还愿""寄保"的人家，在河灯会上为新一轮踩大脚做准备。对这样一种民俗，许多人都有过排斥和抨击，但又不能不承认其中科学和人道的一面。在旧时人们对于生育还缺少科学认识的背景下，以踩大脚野合换种的形式，获得香火传人，我们还有什么不可理解和批判呢？但这种不甚文明的风俗，在新文化的冲击下，终究难抵衰落的命运。初解放的50年代，扶风县城还延续了几届河灯会，此后竟消亡得无人知道了。

公元1968年，却有一男一女，在那个"革文化之命"的特殊年份，在小韦河和漆水河上放了一次河灯。那一男一女的年岁都不小了，不像是无儿无女的人家，见过那一男一女的人，都觉得奇怪，不知道他和她在河水里做什么，甚至觉得他和她犯了神经病。

有些老人猜得出来，知道这一对堪称老人的男女，必定是一次河灯会上踩了大脚后私奔的人。

踩大脚虽则有严格的禁忌和戒律，但那死的禁忌和戒律，怎抵活的男欢和女爱。过去有河灯会，总有一夜情奔的男女，从此杳无音讯，不知所终。封建专制下的男女，特别是女人，哪能把性事做得和踩大脚一般大胆狂野，在那样一种高潮的鼓舞下，情奔便成了一种必然。

不知最后放河灯的那对男女，可曾想过，在那样的时势里放河灯，担着的该是怎样的风险，难保不会丢了性命。但他和她勇敢地放了河灯。他和她是在对自己曾经有过的浪漫和背叛，来做一个纪念吧！

他和她，两个已经进入老境的男女，为河灯会上演了一次绝唱。

2002年12月14日　西安后村

浇木酒

不要你插手。

谁都是客客气气的。谁都在拒绝着你。但在俗人克敬的眼里,到处都是活,要搬砖头,要和灰浆,要往脚手架上排料,人手是太紧了,再有几个人都不嫌多,但克敬就是插不上手。大家的客气,大家的拒绝,没有一点虚情假意,都是很认真的,有几次,克敬都已抱起了几块砖,也被人强硬地夺了去。克敬就只有感叹了:久别故乡的克敬已然成客人了。

俗人克敬仔细地想,似乎还不止客人这么简单。

以往的乡村生活经验,在大家客气的拒绝中,使俗人克敬感到一种正被颠覆的创痛。

原来是,谁家要盖房了,匠人是必须要请的,小工就不要请了,自有亲戚朋友,左邻右舍找上门来,帮忙。今天你帮我,明天我帮你,三日不多,两日不少,大家像是商量好的,每日总有适量的劳力,为盖房的人家帮工。你是村里的干部,你是村里的住家,都不要紧,在盖房帮工的问题,没人太多关注你的身份,只要听见你家盖房工地上的瓦刀响,就会有人挑了水桶、扛了锹、拿了绳索、扛了架板的来,打一声招呼,点一支香烟,就都很有秩序地干起来了。

俗人克敬在乡下时,无师自通地学了个木匠手艺,常会被人请了去,起屋盖厦,见识多了那样的场面,总觉人情扑面来的温暖。特别是到了架梁的日子,那一份热闹,那一份浓情,让人大有血脉湍流、肌肤红涨的感觉。

浇木酒喝起来了。

村里人,富户也好,穷家也罢,都要来人的。来人都不会空手,都要拿几尺红布,写上名字,搭在一个架起半人高的房梁上。来的人差不多齐了,就取了酒来,哗哗地倒在一个大瓷碗里,这就喝开了。是一个人,都会接了酒碗,喝上一口再转下去,接着酒碗的人再喝,一直转着,都有一口酒了,围在已被红布包裹起来的房梁前,向着将要被升到高处的房梁扑酒。这是一个神圣的仪式,可以想象,几十张口一齐向房梁扑酒的阵势吧,该是何等的壮观!恰在其时,二踢脚的大炮仗响起来了,先在地面上一声清脆的炸响,然后直蹿天空,追着飘摇的云头,又是一声沉闷的裂响,红红的炮屑,就像天女撒下的花瓣,在高空慢慢地飘落着;还有长长的鞭炮,由青头小儿挑在两根高竿上,绕着房梁转了一圈又一圈……这就是浇木酒。

村子里少有喝酒的机会,娶媳妇嫁女是一回事,老人做寿小儿满月是一回事,但都没有浇木酒喝得快活、欢乐,无拘无束。俗人克敬的酒量,就是在那一场一场的浇木酒里练出来的。那样的酒,基本都是自家酿的,谁家要起屋盖房了,首要的事情便是请来酒师傅,在家先酿三五缸子的粮食酒,以备所需。那样的菜,就不劳主人家预备了。都是前来庆贺的人自带的,一盘猪头肉不算奢侈,一盘炒洋芋也不算寒碜,都是一份人情,端来了,也没有四个腿的高桌,只有砖块胡基铺就的一个个地席,五六个人一围,七八个人一围,起先还有个样子,喝上三圈酒以后,秩序当下大乱,端着酒碗的人,往往喝不上酒,倒是一边嚷叫的人,偏过头来,在酒碗里大喝一口,有时候一个酒碗上,有三颗人头三张嘴在喝酒。原来那一地席的人，转到了这一地席上，这一地席的人，又转到那一地席上，胡乱地交换着，就有人捉了对子，猜拳行令，高声大嗓的，仿佛吵架一般。房主人就穿行在混乱的人丛之中，举着酒缸子，往地席上空了的酒碗里续着酒，一边续，一边满面春风地招呼大家：喝好了！放开喝！！

是啊，怎么能不放开喝？怎么能不喝好呢？所谓浇木酒，就是要大家喝得痛快，而大家喝痛快了，房主的心里才痛快哩！

喝着就有人喝高了。好像他们家的婆娘女子，早就知道有这一出，原来还看不见她们，等到她们的人喝高了，就会闪身而出，搀着扶着，嗔着劝着，把她们的人收拾回去……这就到了更深星稀的时辰，帮工来喝浇木酒的乡亲们，差不多都醉了，都回家去了，房主的院子才会安静下来，到处都是吃空了的菜盘子，到处都是喝空的酒碗，房主看着，眼里便有了笑，从裤子口袋里掏出烟来点上一支，很幸福地吸上一口，吸进肺里头，停上一阵子，再让淡淡的烟雾从鼻孔里飘出来。

俗人克敬是逮着消息回来的。二哥家扒了木屋盖楼房，今天就是上楼板的日子，过去的木屋，上梁之日喝浇木酒，现在的楼房，上楼板的日子喝浇木酒，可是到了把第一块楼板吊起来，只有克敬与二哥的亲戚赶来，把几面鲜花的被面搭在楼板上就不见村里人来了。几个人向楼板扑酒时，克敬的心"咯噔"响了一下，感觉有点不可思议，是二哥生分了村里人吗？

二哥不会生分村里人。

在俗人克敬的意识里，二哥的名誉是很高的，他的热心，他的耿直，在村子里是有口皆碑的。问题是，日子一天天过，人是一辈辈出，房子新了旧，旧了新……这就到了近些年，村里的青壮年，一拨一拨地离开了土地，南下北上寻钱去了，落在村子里的人，不是年老，就是年少，起屋盖楼，有心帮工，无力可用。怎么办呢？这就顺应了市场经济的大势，找建筑队来承包。拉清条款，立下字据，最后算账。房主落个省心，乡亲也落个省力。遗憾的是，热热闹闹的浇木酒也因此渐渐地淡下来了。

俗人克敬到这时才晓得自己怎么就插不上手。

不是人家把克敬当了客人，而是人家怕克敬一插手，在工程结束算账时，要扣了克敬曾经的帮工。俗人克敬看见，作为房主的二哥，也是插不上手，他不停地围着工地转,目的全在于监督工程的质量,怕他们用灰不够标号,钢筋用得少了……为了这样的事情,二哥几次与包工的头儿进行了交涉,双方的语调虽然还算平和,但所表现出来的冲突是显而易见的。

中午吃饭时,包工队有他们的灶,二哥也不管他们吃得怎样,只是二嫂在自家的灶上炒了几个菜,也打开一瓶酒,兄弟亲戚坐在一起,你谦我让地喝了几盅。喝酒时,克敬不由得向包工队的灶上看了一眼,二哥就发话了:亏不了他们。奠基时,给他们喝过酒了。现在都是这样,一开始红火红火,后边不吵架,顺顺当当交了工、付了钱就是好交情了。

2004年10月3日　西安后村

结婚酒

"下意识中,所有中国姑娘都梦想红色婚礼裙子和喜轿;所有西方女子都憧憬白色婚纱和婚礼的钟声。"林语堂老先生早些年说的这句话,泄露了所有女孩心里的秘密。

俗人克敬生在1954年,中国大陆阳光灿烂,一些旧的生活习俗,被大革命胜利的风浪席卷,有了天翻地覆的变化。但是,任尔千变万化,嫁闺女娶媳妇的结婚酒是不能不喝的。一直到1965年,俗人克敬的大姐要出嫁了,家里还准备了几桌不薄的酒席,招呼亲戚邻里大吃大喝了一场。而到了大姐的夫家,酒席宴摆得就更铺张了,早饭是西府流行的臊子面,中饭是西府流行的水席。在两餐主食上来之前,都要先上八大盘子的凉菜,猪头肉一盘子,皮冻一盘子,腊驴肉一盘子,牛蹄筋一盘子,有了四样的荤菜,素菜就好配了,凉调莲菜、凉调萝卜、凉调瓜丝和油炸花生米什么的,都成。结婚酒在这时候就上来了,与浇木酒不同的是,客人都坐在八仙桌上,每人面前一只小小的瓷酒盅,由执客恭敬小心地酌上酒,再恭敬小心地说一声"请",大家这才齐刷刷地举起酒盅,相互间也要恭敬小心地说着"请",这才把酒恭敬小心地喝下肚子。

那时候,俗人克敬还小,在老人的教导下,做这一系列程式化的喝酒动作,心里感觉又敬畏又好笑。终于耐不住那一份约束,从酒桌上逃开来,去了大姐的新房,看见大姐在几个妇人的帮助下,已换下娘家的衣裳,穿起了一袭锦缎的大红袄儿和一袭绣了花的大红裙子。我的眼睛睁大了,感到大姐太漂亮了,红的衣裙,映照着大姐的脸儿,使她原来发白的脸面,也泅出桃花般一脸幸福的红晕。

此后,大姐三日回门,十日回门,月底回门,都是穿着她那一身大红的衣裙,坐着马拉的轿车,一脸幸福地来了,又去了。

大姐的这一幅图像长期定格在克敬的心里,到现在,大姐已经奔六十岁的人了,每一次姐弟相见,克敬的眼前还会幻化出大姐当年红袄红裙子的模样。

大姐是幸运的,自她结婚那年以后,政府号召结"革命化"的婚。什么是"革命化"的婚呢?没有现成的模式,大家便依着葫芦画瓢,穿军装、剪短发、腰扎宽皮带,在那时候很流行,新婚出嫁时,就都是那样一副模样;很自然,花轿也是不能坐了,有自行车的,骑一辆自行车,没有自行车的,借一辆也要骑上来。这种"革命化"的打扮,看上去虽则飒爽英姿,但与那个热闹红火的气氛太不协调,到晚上闹洞房,小伙子跃跃欲试,但对着一身军装的新娘子,却怎么下不了手。渐渐地就又复辟到新娘穿大红袄儿的样子,可是大红的裙子还是不能穿。不知为什么,在人们的意识里,穿了大红裙子就"封资修"了,就"反动"了,这样的复辟一直持续到"文化大革命"结束,新娘子结婚时,才又大袄儿、大红裙子地坐上花轿了。

这样的复辟很不彻底,也极短暂,迅速地又被一种"洋化"了的形式代替了。

是大姐嫁女儿的日子,俗人克敬赶着去了。看到外甥女儿穿的是一身租来的婚纱,头上插了鲜花,有一辆小卧车和几辆中巴车等在村口上,你鸣一声笛,他鸣一声笛,这就把外甥女娶走了。问题出在男方一边,一袭白婚纱的外甥女,下得小卧车来,男方的老爹老妈慌了神,嚷嚷说:咱家办的喜事,咋能穿了一身白进屋呢?不成不成,赶快换上红衣裙。

外甥女不急,笑笑地看看就要成为她公爹公婆的两个老人,不说换,也不说不换。这就惹急了外甥女婿,把他的爹妈拉到一边,还叫来比较新派的几位乡邻,千般劝万般说,外甥女这才穿了白色婚纱进家门。

因为这一事变,外甥女结婚的那一场酒,有好些人打哈哈地喝醉了。

不好说醉了酒就意味着婚礼办得出色,总之是,主宾全然皆大欢喜。俗人克敬因为高兴,那一日便没少喝,虽不至于当场晕倒,回家后还是大睡了一觉。如今,再见大姐和她的女儿,我还是忍不住重复地要说那一天。

其实,早在外甥女过门的日子,城里头早已时兴起穿婚纱了,自然也是白色的。不能说咱们大红袄儿、大红裙子的结婚装就不好,就过时了,但西洋的婚纱确实好看,漂亮的婚纱能使新娘实现心中的虚荣和美丽,实现优雅的风韵和情致。而最本质的,能把一个女孩子穿成一种叫人怜惜的小动物，就如童话故事里一样，让女孩子的潜意识里获得种种美的遐想。

白色的婚纱就这么轻而易举地俘虏了女孩子的心，不论城乡，女孩子要结婚了，都要挑选一套自己喜爱的婚纱，哪怕自己是一个"灰姑娘"，这一天也要成为一个骄傲的公主。

2004年11月5日　西安后村

满月酒

不晓得她们几个大婆娘在说什么,一脸的神秘,一脸的狡黠,一脸的坏笑……推推搡搡地,这就进了四哥的家里。

四哥家里吆五喝六地摆着满月酒,客来客往,很是热闹。这样的喜日子,俗人克敬工作再忙,也必须赶回来,凑上一份子。这就发现了她们几个大婆娘,都是特别眼熟的邻居,不是叫人家嫂子,就是叫人家婶子,进得门来,散成一条线,迂回着包围了忙着招呼客人的四哥四嫂,在他们毫无防备的情况下,伸手在四哥四嫂的脸上抹起来,有锅墨,有油漆,当下把四哥四嫂抹成戏台上的大花脸,这才嬉笑着找寻空出来的席位,草草地擦去手上的油彩,端起酒盅,嘻嘻哈哈地喝起满月酒来。

四哥四嫂被抹了花脸，红一坨，黑一坨的，甚为滑稽，但他们不能恼，不能气，还不能立即擦去。这是一种仪式，关中西府的习俗，得了孙子的人，在满月酒上，没人给你涂花脸，是很丢份的，就不好玩了，证明你缺少乡兴，没人愿意和你玩。因此，抹了花脸的四哥四嫂，还得感谢人家，追到酒桌上来，为人家敬酒。这样的酒是不好推辞的，却不知道四哥四嫂在酒盅上早已做了手脚，把原来鸡眼睛似的小盅，神不知鬼不觉地换成了同样瓷色的大盅，四哥酌酒四嫂敬，每人三大盅，有些酒量的还顶得住，酒量小的就够呛了。

小孙子这时也会上了场，来给闹腾的客人敬酒。当然小孙子的酒带着太多象征的味道，一个月子不出门，现在抱出来了，怎么能不敬大家酒呢？所谓满月酒，就是因为月子娃而起的，满月了，就该融入大众的生活里了。这才是最可宝贵的，见头一面嘛，小孙子该给大家敬一盅酒，这是见面礼，都得喝了。大家也要给小孙子拴钱、编百锁。真正的百锁是小孙子的外爷外婆置办的，大家只需找一段红绒线，拴上块儿八毛的小钱，给小孙子戴在脖子上。因此，一圈儿酒敬下来，大家醉酒的程度深了一些，小孙子脖项上的钱百锁重了一些。

满月酒喝得时间长,从中午开始,到了半下午还不好结束,而小孙子还有一项拜干大的重要任务,这也要做了爷爷和奶奶的哥嫂来完成。忘了四哥四嫂的小孙子拜了怎样的干大,俗人克敬当年拜的干大是一棵老榆树。克敬在一篇《榆树干大》的文章里,对那棵灾害深重的老榆树,做了深情的回顾。同时感叹现在的生活好了,谁拜干大,也不会去拜一棵老榆树了。因为被拜了干大的人,既是一份荣耀,也是一份责任,能被碰上拜为小孙子的干大,那一定也是很有资格为干大的人。

俗人克敬生活在大城市里,也吃了几次满月酒,发现没有西府满月酒上拜干大的习俗。心里便想着,家乡的满月酒,还坚持着这一风俗吗?

一个准确的消息,在省城一家发行量很大的媒体上披露了出来。

俗人克敬的担心是多余的,拜干大的风俗还流行着,只是内容有了变化,让人几乎要望而生畏了。报上的消息说的就是克敬的故乡,一个乡的党委书记给他的小孙子大摆满月酒,黑墨油漆的花脸没人敢抹,块儿八毛的钱百锁也没人敢送。事后有知情者,把一大本的礼单复印出来,寄给了那家媒体,据此深挖下去，那个乡党委书记一场小孙子的满月酒，竟然收礼达一十七万六千四百元。礼单上有名有姓，最多的一笔礼钱两万元，最小的一笔礼钱两百块。

当然，礼钱两万元的那个人，便被拜了小孙子的干大。

纪律监察部门坐不住了，组织了专案组去查，查的结果还不知晓，只听说威风八面的乡党委书记，已被批准逮捕，小孙子的干大也被立案侦查了！

欢欢乐乐的满月酒，喝成这个结果，你说还有个啥味道？

2004年11月10日　西安后村

孝子酒

制礼作乐的周家天子,便兴盛于关中的西府,数千年的岁月,不断地改朝换代,却不能改变西府人孝亲的礼俗,家里殁了老人,再怎么难场,一顿孝子酒是一定要喝的。

喝酒是对老人的一种纪念。但却不能太铺张,尤其是不能动荤,杀猪宰羊,剖鱼屠鸡……凡是长眼睛的动物,在老人的忌日,是绝对不能动的,这也是对老人的一种纪念。因此,所喝孝子酒,其实就是西府人说的素酒。

老舅那年去世了。老舅活了七十三岁。民间的说法是:人活七十古来稀。还说:七十三、八十四,阎王叫你商量事。所谓红白喜事,大概就是老舅这个样子。但也不能说老舅就该去世,可在俗人克敬闻讯的时候,心里还是有种石头落地的轻松。老舅的年岁大了以后，长年生病，去看一次，都不堪病痛的折磨，埋怨老天把他忘了，怎么就不把他收了去，他把罪受够了，他该到天上享福去了。

这就是老舅的死亡观：活在人世是受罪，升到天上是享福。

因此可以说，老舅的去世应该是一个喜丧了。

有了这样的精神准备，老舅的孝子酒办得就有了些微的欢乐气氛。特别是请来的那一班乐人，知道了内情后，虽然也很努力地吹弹着，却尽拾喜兴的调子吹，那时候流行的《社员都是向阳花》《公社是棵常青藤》等等，让他们吹弹得何等快乐，何等吉祥。挨到起灵时，孝男孝女一大堆，却怎么也哭不出声来，干号一气，把来帮忙的邻里乡亲惹得也是一片欢笑，抬起脚，在孝子的屁股上踢，却也踢不出悲声来。这么耍耍打打地到了坟场，把棺材下到坟坑里，帮忙人一锨一锨填土时，孝子们这才有了悲声，眼泪也才不断线地涌出来。

坟堆圆起来了。

孝子们把拉着的柳棍插在坟头上，跪着谢了帮忙的乡亲，这就回来喝孝子酒了。帮忙的人一个都不能缺，请到席上来,由孝子挨桌挨人敬酒。虽然做的素席,因为请来了好厨子,仅仅一个老豆腐,变着法儿,就做了几道菜,水煮白豆腐是一个,红烧豆腐又是一个,还有就是把豆腐在油锅里炸了,切成很大的片子,加上蜂蜜熬的汁,装成碗子,上锅蒸了,取出来扣在盘子里,吃起来还是豆腐的味道,看上去却像极了蒸碗条子肉。再配上油炒粉条、胡萝卜烩蒜苗、拔丝苹果等时令菜蔬,老舅的那一顿孝子酒,在克敬的记忆里留下了很深的印象。

也是因为累,也是去了一层负担,作为孝子的表哥三兄弟,在敬来客和乡邻时,自己都先醉趴在地上了。

许多年过去了,俗人克敬远离故土,很少有喝孝子酒的机会。今年秋前,因为西府乡党的一位下属,送来请柬,特别享请克敬,能回西府参加他们老人的丧礼。克敬没加思索便答应了。俗人克敬不才,单位分管的部门,家里老人去世,不论感情亲疏,不论道路远近,是一概要去的。克敬晓得单位领导去了,也是一个面子,死者已矣,让活着的人领会同事们的体面。

驱车三百多里,俗人克敬赶着点儿到了同事的老家,早有管事的人在村口等着,抬来香案,很是隆重地把克敬一伙接到灵前。克敬熟悉西府的那套礼节，本着入乡随俗的原则，准备按照旧的方式做来，却有执事提醒克敬：无须拘礼，就照你们城里的方法，鞠几个躬就行了。但克敬已把三炷纸香拿在手中，也就不管执事的提醒，极为恭敬地凑到烛火上点燃，三揖之后，插在灵前的香炉里；克敬还斟了一盅小酒祭洒在灵前的泥土上……俗人克敬做这一切时，孝子们分列两侧，也都一板一眼地跟着做，克敬三揖时，每一揖，孝子们都要平着举起孝棍、下跪、起身、下跪、起身……来回地重复三遍，到克敬祭孝子酒时，孝子们在灵前已哭成了一大片，我的同事就夹在孝子中。

像老舅丧事一样，这也是一个喜丧。但不同的是，同事一帮孝子，却都哭得十分认真，喜丧的气氛一点也看不到，倒真像老人英年早逝，大家谁都离不开谁的样子。

孝子中有一位年方三十左右的妇人，像是一个导演，又像是身兼了主演，哭丧的积极性特别高。每一次恸哭总是她先哭出头一声，其他孝子这才跟着哭。而她又特别能哭，有哭必有泪；她还特别会哭，一边哭一边诉说：

爹呀！你咋能狠心把儿女撂下不管呢？

爹呀！爹呀！你倒图个轻闲走了，让我们儿女留在世上受恓惶吗？

爹呀！爹呀！你说话呀，儿女不孝，儿女跟上你一起去呀！

…………

她的哭诉，像谱了曲子，一板一眼，不紧不慢，吐字清晰，俗人克敬在一旁听了，兀自也伤心起来，偷偷背过身去，在眼睛上抹了一把。

俗人克敬发现，这位善哭的妇人，还和自己的同事配了对儿。这个发现让克敬吃惊不小，因为克敬认识同事的媳妇，也在城里工作，前一段跟随一个考察团出国去了，她公爹的丧事恐怕连信儿都不晓得，根本就没有跟着同事来。那么眼前的妇人……克敬不敢想了，怀疑同事在家乡原来还娶了一房媳妇。

带着这个疑问，俗人克敬从西府的老家回了城里的单位，每一次碰见同事乡党，看他的眼睛便有些异样。同事乡党读出了克敬眼中的疑惑，与克敬相约喝了一回茶，说了那个与他配对哭丧的孝妇，是临时聘请来的。

俗人克敬就乐了,心想这世界变化太快了,孝子也成了一种职业。不过应该承认,职业化的孝子,酿造的丧葬气氛的确是不错的。

2004年11月15日　西安后村

良有话说

良好、良有、良多、良久、良心、良机、良宵……汉语中一个良字,有太多的话可说,阅读《正韵》,就还有"器工曰良"的解释,再是古文献《谥法》,亦有"温良好善曰良",以及《书·益稷》中"元首明哉,股肱良哉"、《书·太甲》中"一人元良,万邦以贞"、《论语》中"夫子温良恭俭让以得之"等解释,然而如此之多的解释,还不能解释清一个良字的全貌,因为以良字为本,还可以造许多字出来,仅在良字的左边,加上偏旁部首就达十多个字,譬如粮,譬如浪,譬如踉,譬如狼,譬如俍,譬如脼……翻到右边来,也有几个字,譬如朗,譬如郎。

我受邀参加乡友王宽让女儿的婚礼,婚礼的主持人点了我的名字,要我给新婚伉俪证婚并致辞。

乡友王宽让一个月前，就给我说了的事，我没有推辞，也没敢怠慢，早早地准备了一段话，但我被点将，登上两位新人的婚礼台上来，看着我熟悉的两位新人，蓦然自心底生出这样几个字来：佳偶良缘。

正是这个良缘的良字，一下子改变了我成竹在胸的一段话，借着这个良字，来为新人致辞了。我问两位新人，你们今天，一个是了新娘，一个是了新郎，对吗？两位新人郑重地回答了我，是的。我拿着麦克风，把我问给两位新人的问话，问得十分响亮，这也就是说，我不仅问的是婚礼台上的两位新人，向的还有盛装一堂，来为两位新人贺喜的亲朋好友。我这么问过后，就来为大家说这个良字了，像我开篇那样，说了一串关于良字的组词，说到良缘时，我不往下组词了。我说两位新人，因为一个良缘，幸福地走到一起，一个成了新娘，一个成了新郎，新娘的娘字是良字的一个组词，新郎的郎字也是良字的一个组词。

娘字是良字的左边加了一个女字旁，郎字是良字的右边加了一个耳朵旁。

古人造字，就是如此浅显，而又是如此深邃。简简单单的一个良字，有了一个女字旁，意义即大不一样，这个人就成了娘；普普通通的一个良字，有了一个耳朵旁，意义亦大不一样，这个人就成了郎。

成了娘的人，是老娘，是新娘，都要我们认真思考，同时又还要我们认真对待。也就是说，老娘是娘，新娘也是娘啊！一个男人的成长，老娘把他生下来，他吃着老娘的奶长大，老娘能负责他多长时间呢？肯定无法负他一辈子的责。二十年，三十年，到他娶了新娘之日起，老娘即是再不舍得，再不愿意，也要拱手把她养育成人的儿了，推进新娘的洞房，推进新娘的怀抱，让新娘来负责了。新娘接受他，让他钻进自己的被窝，就不是一日两日的负责，也不是八年十年的负责，她从有了新娘这个称谓起，是要为这个钻进她被窝的人负责一辈子呢！

我说新娘也是娘，道理就在这里。

狂妄自大的男人，于此是要有所觉悟的。你在老娘怀里长着时，是吃了老娘的奶的；老娘把你推给新娘，你吃了新娘的奶没有，你自己知道。所以，男人没有理由，不把新娘也当娘的。

自己在婚礼上的身份，也明确地做了界定。你是新郎啊，良字边那个大大的耳朵，几乎是顶天立地的哩！

让你的身份从此有了这一个耳朵,绝不是聊作摆设来看的,那是对你的一种启发,一种明目张胆的启发,启发你是要听话的。要你听谁的话呢?娘的话呀。老娘,新娘,是你的娘,你就要认真地听,好好地听,仔细地听。

听娘的话,自己不会吃亏。

当然,娘也要做到像娘,如历史上的岳母,刺字在儿子岳飞的背脊上,要他"尽忠报国",岳飞听了娘的话,身体力行地为着这一理想而搏杀;还如孟母,三迁住所,为使儿子孟轲安心读书,孟轲听了娘的话,日后成了继孔丘之后,最伟大的儒家代表人物,人们尊敬地称其为"亚圣"。老娘的话,做儿子似乎都能听得进去,而新娘的话,听起来似乎要困难一些,甚至怎么都听不进去。

问题的要害就在这里。

历史上怕老婆的几个典型,不是人家耳朵软,也不是人家没骨气,人家可都是朝廷里的股肱之臣,以及国家依靠的抗敌大英雄呢!就说"吃醋"的故事吧,唐太宗坐在了皇帝的位子上,他要奖励为国做出贡献的文臣武将,其中就有大名鼎鼎的房玄龄。唐太宗不是心血来潮,他是看着房爱卿守着个黄脸婆过日子,心疼他,就把服务于他的两名宫女赐给了房。多好的事儿呀！搁在别人头上，还不把对方乐得登天。可是房玄龄没有，他没有高兴起来，反而吓了个半死，跪给唐太宗，说他不敢接受皇上的恩赐。唐太宗问其故，房玄龄说他怕老婆，老婆是不会让他接受圣上的这一恩赐的。唐太宗以为奇事，差人叫来房玄龄的老婆，告诉她，朝堂之上准备了两份礼物，一是两个如花似玉的宫女，二是一壶毒酒，让房玄龄的老婆任选其一。房夫人二话没说，她选择了致她死亡的鸩酒，抱起来就喝，咕嘟咕嘟，喝了个底儿朝天。看她喝得坚决，房玄龄要去夺，被唐太宗差人按住，到房夫人喝光了一壶鸩酒，唐太宗才哈哈一乐，揭秘他给壶里灌的并非鸩酒，而是老陈醋。

听老婆话，使老婆灌了一肚子老陈醋的故事，流传着，到了大明朝的时候，又出了一个怕老婆的戚继光。

戚继光是抗击倭寇的名将英雄，他怕老婆，让他左右的参军牙将受不了，出主意给戚大将军，要他吓吓他的老婆。戚将军依计而行，在老婆午觉时，提了一把利剑，架在老婆的脖子上，参军牙将一声喊，戚将军的老婆醒过来，看着戚将军的样子，不仅没有害怕，还瞪眼问他，你在这里做什么？戚将军回答说，老婆近来身体虚弱，我想杀只鸡煮了，给老婆补补身子。老婆嘟哝一句，杀鸡用得着宝剑吗？说罢转身又去睡她的午觉了。戚将军自己不敢吓唬自己的老婆，参军牙将们亲自出马，全副武装地列阵在戚继光的军帐里，一个个怒目圆睁，只等戚继光的老婆来了。参军牙将列阵时，是和戚继光商量好的，要戚继光派他的亲兵去请戚夫人，他自己威坐军帐，就看他们怎么吓唬戚夫人了。结果怎样呢？戚夫人到军帐里来了，她狐疑地看了一眼戚继光，就把戚将军看得屁颠屁颠地迎着她去。戚夫人问他演的什么戏。戚将军说了，他没有演戏，他是要夫人检阅他的军纪的。戚将军说罢，把他的佩剑抽出鞘，举在胸前，迈着军步，在前边引道，带着夫人把列阵着的参军牙将，一个个检阅了过去。戚夫人满意参军牙将的军纪，她笑了，夸了他们几句，就从军帐里出去了。

什么是怕老婆？

说透了就是听老婆话。谁的老婆都是从新娘而变老的，生了子，养了女，就都已熬成老娘了，如此来说，也还就是听娘的话。

听娘的话，怕老婆，没有使房玄龄丢人，也没有使戚继光丢脸，而且还使他们功满神州，名满天下。他们都能模范地做到,何况我们芸芸众生?

老娘,新娘,谁都不想自己的儿子,自己的男人,犯错、犯浑、犯难的,听她们的话,难听好听,都是对自己的检视和帮助。

2016年5月24日 西安曲江

西临西大

与西大相临,是我心中的距离。

我所工作和生活的西安日报,与西北大学隔着一堵厚厚的城墙,一条水波荡荡的护城河和一条车流滚滚的环城路,不是很远,也不是很近。我会常常想起她,思念心切的时候,我更会爬十多层高楼,站在我工作的新闻大厦的楼顶上,去眺望我热爱的西大。

我不能算西北大学一个纯粹的学生,但我却在她知识的汪洋中汲了几口水。如今的我,不焗油头发就不能保持乌黑油亮的光泽,可在1987年的夏末,不焗油头发也乌黑油亮的我,穿着件领口磨开了花的衬衫,脚蹬一双平底绒布鞋,在毒辣辣的太阳光下,一脸汗污地走进了西大。我是来西大作家班报到的。此前,作为一个执着于写作的文学青年,在全国不少的文学期刊上,发表了一批叫作小说的东西,特别是一部十万字的中篇小说《渭河五女》,在《当代》以头题的位置刊出,使潜藏在心底的文学梦一下子变得现实起来。我惊觉只有小学六年的文化积累,在文学创作的道路上,是很难有所作为的。我渴望一次学习深造的机会,这个机会来了,我能不珍惜吗?那天,我独自在西大校园落成不久的喷水池畔,伫立了很久很久,我看着那喷薄而出的水柱,做着千姿百态的变化,心里别说有多矛盾,有点兴奋,还有点酸楚,因为我已不是个小青年了,三十三岁的年龄,才走进大学的课堂,无论怎么说,都是太迟太迟了。

读作家班,不能像读本科的大学生那么按部就班。睿智的代课老师,早就为我们准备下了几门学习大餐,现在感觉起来,完全是一种大跃进式的方法,可我们许多同学钻在宿舍议论起来,还是觉得不过瘾。那是一群什么样的人啊。有的来自军营,军阶都上到了正团职;有的来自国营大厂,职务是厂宣传部部长;有的来自各类文艺团体,当专职作家的有之,当专职编剧的有之,有一位还兼着当地电视台的副台长;当然,还有像我一样的农民。在这样一个群体当中,我的心骄傲着,感觉和他们一样,但拮据的经济状况,使我不能不自卑地埋头学习，在弗洛伊德、萨特、尼采等大思想家的智慧中寻找安慰。

我连西大的一张床都租不起，更别说一日的三餐，好在一个农村青年，有着农村这样一个大后方，解决问题的办法还是有的。我从西大搬出去，在校外租了一间民房，自己做饭自己吃。后来，相继有几位如我一样的贫困生也在校外租房去住，我们大家在一个星期天相约到我的住处会餐，我们破例买了瓶当时很流行的"城固特曲"，没有酒盅，就都对着瓶口喝，那火辣辣的酒液，经过舌苔，慢慢地滑向喉口，刺激得我们几个贫困生眼睛热喷喷的，谁都不敢看谁，唯恐旋转在眼眶里的泪珠坠落出来。

困窘的生活，已使我们最初入学时的那点兴奋凋零得一片枯黄。但我们没有气馁，更没有失望，而是预谋着勤工俭学。办法是蒙万夫老师提出的。蒙老师是我们作家班的班主任，他为人热情豪爽，我们贫困生的困难仿佛就是他的一样，为我们操了不少的心。我们勤工俭学的办法是为有建树的企业做宣传，起初要草拟一份倡议，是一位同学先写出来，蒙老师看了，不甚满意，自己改了一遍，送我们商量时，大家无不为之叹服。数百字的倡议,经蒙老师修改过的地方就有二十余处,修辞之严谨,改正之审慎,俨如他为学生准备的课堂讲义。正是这一倡议,打动了不少企业经营者的襟怀,为我们贫困生谋得了一份勤工俭学的收获。然而,让我们万分悲痛的是,蒙老师还没来得及把我们送出学校,他自己竟因病先我们而去了。如今,大家回忆起他来,还都唏嘘不已。

作家班读了一年,西大中文系有了招收成人研究生的设想,班上多数同学都报考了,录取的仅十余人,我是侥幸被录取的一个。身材瘦小单薄的安旗先生,给我们读研究生的上了一堂李白欣赏和屈原欣赏的课。两节课,各九十分钟的时间,把我做了十多年的一场梦唤醒了,知道了文学是天才的事业,仅凭热情和苦熬是熬不出来的。李白仗剑去国的诗才,屈原举头问天的哲思,岂是我辈能追踪?于是,我改变了自己的初衷,把热着文学的心冷却了下来,开始了一种更为现实的生活。我庆幸有安先生的启迪,不然,我一生将生活得很惨。因为,文学那个东西,可以使操练者名满天下、留垂青史,也可以使操练者一文不名、苦寒终生。

阎琦老师进入我的生活,已很难说是哪一个时间哪一件事，他就像一条丛林中的小溪，静静地流着，用他默默的关怀，在我最需要的时候，给予了我最诚实的抚摸。是肉体的伤口，伤口就会愈合；是心灵的痛楚，痛楚就会消除。还有与他相濡以沫的赵可书老师，他们组建的家庭，便是我在西大求学时的家庭，他们所给予我学习和生活的帮助，不是一段文字就能叙说的。他们是我的亲人。

站在新闻大厦的楼顶，我眺望西大，还会想起系主任刘建军老师，以及为我们代过课的刘建勋、薛瑞生、陈学超、雷雨田等老师，正是有了他们，西大在我的心中具体了，成了与心咫尺相距的近邻。

2001年8月16日　西安朱雀门

再入西大

我不会记错,1987年9月7日的时候,我以三十三岁的"高龄",有幸进入西北大学,参加了首届作家班的学习。今年的6月7日,我再入西大,还是那么幸运地从西北大学校长郭立宏先生的手里接过红色烫金的聘书,成为西北大学建校百余年来,首位驻校作家。

"三十年河东,三十年河西",两入西大,其间连毛带皮算来,刚好三十年。我们的祖先,是怎样天才地总结出"河东、河西三十年"的这一奇妙的时间概念,让我的人生无法逃避地陷入其中,是有必要做些自己的梳理了。

我今年六十二岁,三十年前,我入西北大学前,虽然身在扶风县的农机局和文化馆工作了一十三年,但我的身份还只是个地道的农民,我先是个流行于社会上的副业工,再是通过公开招考,于"文革"后全国实行的首次干部考用中,成了国家承认的合同制干部,但我吃的依然是农业粮。我既然吃的是农业粮,就一定不能脱离农业劳动,即以"一头沉"的方式,始终不渝地扎根农村,呼吸着农村才有的空气,享受着农村才有的氛围,体会着农村才有的感受,因为此,在我1981年拿起笔,开始我的文学创作时,我自觉地写着农村、农业和农民。应该说,我写得是顺利的,几乎可说是得心应手,数十部短篇小说,有不少都以头题的位置,刊发在当时的《延河》《长安》《青海湖》等文学杂志上,直到1985年的《当代》第三期,又以头题位置刊发了我的中篇小说《渭河五女》。这让我有了一个梦想,梦想我能读一读大学,丰富一下我的文学知识,丰沛一下我的文学情怀。

瞌睡遇见了枕头,1987年,西北大学顺应时代潮流,开办了作家班,我十分幸运地考入作家班,成了接受专业文学教育的一员。

偏僻如扶风县,没人知道西北大学开办了作家班。我是西北大学中文系教授蒙万夫老师写信告知的。我不认识蒙老师,他也不认识我,他所以给我写信，应该是我的创作，引起了先生的注意，而他也喜欢着我，这就给我写信，让我赶来西安，参加西北大学作家班的考录。

蒙万夫老师的来信传到我手上，我拆开来读，读得我既喜且忧。我喜的是，上天打开了一道门，让我有机会考录西北大学作家班；我忧的是，信里所说的考录时间太紧了，我必须当天赶往西安，报上名，第二天就入考场参加考录，我没有丝毫准备的时间，我考录得上吗？我的心忐着，没敢迟疑，没敢犹豫，只在自己县文化馆宿办合一的房子里，抓了一本我发表了《渭河五女》的《当代》杂志，这就乘车来到西安，去西北大学中文系的青砖小楼报名了。巧的是，蒙万夫老师就在青砖小楼的楼门口站着，我向他走了去。

我问了他一声："您知道蒙万夫老师在哪儿吗？"

他当时正和另外一个人说话，听了我的寻问，他转身朝向我，像我问他一样，也问了我一句："你是作家吴克敬吗？"

我的一问，和蒙老师的一问，把两个此前从未谋面的陌生人，惹得都笑了起来。

再入西大，我必须做出这样的交代，如果没有蒙万夫老师的无私帮助，让我有头一次的进入西大，肯定就不会有现在的再入西大了。我感谢蒙老师，你是我的恩人，我愿英年早逝的蒙老师，魂飞在天，看得见我，再入西大来了。

首入西大，因为新鲜，因为好奇，我睁着一双乡村青年才有的眼睛，流连在教室里，流连在图书馆里，我如饥似渴地听课读书。听课到后来，读书到后来，猛然顿悟，文学虽可说是大众的事业，但也是个高贵的事业。我放下了创作的笔，不再碰触高贵的文学，这是我的自知之明，没有擦亮一双高贵的眼睛，没有养成一身高贵的情怀，没有磨砺一副高贵的文笔，是不可以瞎写的，那既是对自己的不负责任，也是对读者的不负责任。

文学离不开生活，但文学又绝对不仅仅是生活。

我告诫自己，生活就如我们熬煮的一锅稀饭或者面条，我们只依靠生活写作，就如自己的手拿着勺把子，在锅里舀饭一样，舀一勺，倒一碗，是稀饭了就是稀饭，是面条了就是面条……这能行吗？

我前所未有地敬畏起了文学，也前所未有地敬畏起了大学……怀揣着这样的敬畏,我在西北大学的校园里沉默着,不再坚持自己的创作,只坚持自己的阅读,我觉得自己都要抑郁了。抑郁的我,拿着饭盒去食堂打饭,看见食堂周围的猫和狗,似乎都比我更有自信,更有修养,更雍容华贵……它们一个一个,或猫或狗,都大腹便便,都从容不迫,都文质彬彬……我把我冲动给文学的心放下了。这一放几近二十年,直到2007年,才又重新埋头在文学的沃壤里,耕种起自己的文学梦。

再入西大,成为西大的首位驻校作家,我感到了一种莫大的荣誉。但我不敢只享受荣誉,我是必须要有自己的报答的,就在郭校长颁发给我聘书的时候,我发自内心地说了我想说的一句话,当然也是我应该说的一句话。

我说了,我要以我的创作报答西大。

我还说,一个人有自己的大学,是幸福的,是饱满的,我爱西大,我用我不很纯熟的笔墨,于我再入西大的前夜,写了一篇小小的《西北大学赋》,算是我对再入西北大学的头一个报答吧。

赋曰:

盛哉西北大学，奠基百年，光照万代。学传绛帐精神，名立杏坛高望。弘毅明德，笃学创新，育英授业高端，桃李花开四海。敦品励学，爱国爱人，倡扬思想独立，推崇学术自由。大气包容，全面开放，汇聚东西文化，化合世界潮流。

胜哉西北大学，人文沃土，理工厚壤。校园三处鼎立，生趣自然和美。北屏古城，南倚秦岭，古城辉煌作脊，秦岭巍峨是梁。长风鼓荡，林鸟争鸣，绿意广场盎然，青春校园洋溢。雍仁万物，宇宙情怀，铭记民族沧桑，弘扬华夏风尚。

圣哉西北大学，济济硕师，莘莘学子。山色境险泰然，思远忧患实践。耿耿硬汉，赳赳智夫，坚守个性品格，秉持社会良知。钻研学问，把脉社稷，肩负民族伟业，承继文明旗帜。至爱百黎，敬仁崇礼，风范光耀古今，襟怀博纳天地。

2016年6月7日　西安曲江

咱们老陕

庚寅春天,受省作协的指派,我与陕西师范大学李震教授赴陕北做文学讲座。在榆林学院,当着近千人的文学爱好者,身为教授的李震,可真是语出惊人。他开宗明义一句话:陕北人都是杂种。

此言一出,我心惊肉跳,观望台下皆为陕北后生的文学爱好者,担心他们会一跃而起,冲上讲台,把李震教授乱拳捶扁。

我的担心多余了,台下的陕北后生,没有人往上冲,从他们平静的脸上,甚至看出了一种习惯上的坦然,大家接受了李震教授的杂种说,因为说出此论的教授本人,也是一个道道地地的陕北人。可我感觉得到,我被他这句话,说得还是脸红了。

脸红着的我把他下面的讲座没能认真听下去,滞留在"杂种"这两个字眼上,去往纵深里想。李教授说得没错呢,便是迷人的陕北信天游,也是杂交而来的产物哩。有研究者著文探究,极言陕北信天游所以经久不衰,是因为融进了许多南方小曲的元素。这不难追溯,长城脚下的陕北,因为地处边塞,各朝各代派来戍边的文臣武将,有许多就是从南方选拔出来的。典型如宋朝的范仲淹,就在陕北的土窑洞里住了许多年。那时戍边,没有今日的汽车、火车,更没有空中而行的飞机,来来去去的文臣武将,就不能像今天的官人,"走读""旅游"般地就把事儿做了。那时得踏踏实实住下来,为了自己住得踏实,很自然地就把眷属都带在了身边。然而,毕竟是为边塞,战争随时都可能爆发。现在好了,我们国家有了这个力量,千里万里的,在战争来临之前,可以用撤侨方法把要撤的人(包括家属)先撤出来。但当时是做不到的,甚至想都不要想。戍边的文臣武将没法把谁撤出来,大家和袭扰边关的北人,在陕北这块土地上杂处着,你中有我,我中有你,不仅杂染着这里的文化,也杂染着这里的血脉。

多元文化有强大的生命力。那么多元的血脉呢?应该也有其强大的优越性。

关中西府的我，近些年所以痴心不改地热爱陕北，几十次地到陕北走，去钻陕北的深沟野洼，去跑陕北的草地沙梁，去听陕北的说书信天游，我朦胧中是有那么点儿意识的，我想要在陕北找到一些中原文化里所没有的东西。

这种寻找有时觉得很容易，好像就在自己的眼前，伸手就能抓得住……有时又觉得特别困难，我已经身在其中了，但感觉我要寻找的那个东西，却依然远在天边。

因此，我就只有迷茫了。迷茫咱们老陕，真是太有趣，太不可捉摸了。我生活的关中西府，坐拥江山八百年的大周王朝，就兴起于斯地，这里的农民，说不准哪一日在哪个地方一镢头挖下去，就会刨出一窖的青铜器，鼎、簋、盘、爵什么的，不一而足，造型之大方，文饰之诡异，铭文之古奥，让人对那个远去的时代，充满了想象和敬畏。此外还有大秦帝国，初始之时，也是从那一方土地上成长壮大起来的……他们是咱老陕的先祖吗？是。我不敢有别的回答，但我还是有疑问的，因为从地理学的意义上来看，大周的先祖和大秦的先祖，都是从关中之外的土地上迁徙而来的。这里的风水适应他们的先祖，他们在此基础上，一点点地积累，一代代地成长，终于成就了他们所理想的宏图大业。

如此说来，咱们老陕是不保守的，也是不封闭的，很有一种海纳百川的精神，凡是道德的、有用的东西，都可以化而为之，成为咱们老陕的精神文化财富。

包容大度，可不就是咱老陕的一种品质吗？上世纪60年代初的时候，全国闹饥荒，我母亲流泪烧出一锅汤（母亲所以流泪，不是被柴烟熏的，而是抱愧锅里内容太少，养不了我们一家人），是这样的稀汤，烧出来，母亲都没法分，她拿不起勺把子，只能由我父亲来给家里人分了。一人一个碗，摆在锅台上，所有的人都看着父亲掌在手里的勺把子，担心自己碗里少那么一点点……好不容易，父亲把锅里的稀汤分配给锅台上的每一个碗，大家伸着手要去端的时候，大门外一声虚弱的求食声传了进来，我们伸着的手便都又缩了回来，我们知道，父亲会找来一个空碗，把分配给家人的稀汤，在每一个碗里匀出一点点，匀到空碗里，让求食的人也能吃上一份儿。在我西府家里发生的事，到了陕北的沟沟洼洼里，同样也有发生，我陕北的一位朋友，就曾给我说了他家与我家一样的事情。

咱们老陕就是这样的呢。这可能是李斯给秦始皇的一封《谏逐客书》所起的作用吧，老陕是不会排外的，外来的文化外来的人，来到陕西就能找到自己生根生活的场子，而且能够迅速地融入进来，像老陕一样了呢。

这我就要说了，不仅陕北是中原文明与游牧民族相互共生的，是汉人与胡人相互融合的，便是关中和陕南，谁又能说他的文化是纯粹单一的，血脉是纯正原始的？不能了。所以说，咱们老陕都一样，在地理意义上有陕北、关中、陕南区分，在人文情感上，是没有多少分别的。我在新闻单位工作了好些年，去了不少地方，远的不说，就以关中为例，渭河南岸的一些县份，就有许多湖北移民的村落，上了渭北高原，则不乏山东移民的村落，沿着陇海铁路，就又多是河南移民的村落。

咱们都是老陕，无分湖北，无分山东，无分河南……生活在同一片蓝天下，呼吸着同样的空气，我们相互融合，相互学习，正因为此，咱们才更像老陕。

然而，这还是不能抹平地理意义上的差别，陕北还是有陕北的特色，关中还是有关中的特质，陕南还是有陕南的特点。我坚持不懈地到陕北去，翻山蹚水，踏沙踩草，我是想要从黄土高原的陕北观照我生活着的关中，为我的文学生涯掺进些陕北民情的刚强，以及陕北民歌和秧歌的浪漫，使文化心态相对安稳的我，有所刺激，进而有所裂变，同时能够成就于我。

这是我的私心呢！但愿朋友们能理解。

2011年12月28日　西安曲江

西安味道

十三朝的古都啊！中国的城市，少有可以与西安相提并论的，经历了两千多年的风雨，它的味道是厚重的，并没有因为时间的流逝而改变。那一围城墙给我的印象，总是一种顽固的姿态。这种姿态牵引出西安的小吃、西安的文化，是我所不能离不能弃的。

这是西安的风味了，绕不过去那一围城墙。城是名副其实的"城"，一池城墙保存得十分完好，规整地圈出一围"城"来，四边城门人来车往，原汁原味地勾连着古城的过去和现在，完美得没有任何缝隙。最早的时候，我住在城里，如今搬出城住到了曲江池边，但有朋自远方来，我没有别的法子，还只有与朋友走上城墙才算尽了心意。城墙、城门、城楼、箭楼、瓮城、角楼……还有撞入眼睛的城砖，灰色的无边无尽的城砖啊，悠闲地走城墙上，那种君临天下的味道，除了西安城，别的地方有吗？

西安是闲适的，西安人的生活是讲情趣的，满大街都是悠哉闲哉的人，我的朋友向我论说他的感受，以为生活在这个城市是一种幸福。我承认朋友的体会，因为我就是这么认识的，在西安，不是谁会赚钱就能被人尊重，因此，在城墙下的公园里吼秦腔就多，去羊肉泡馍馆连咥带吹牛的就多。正吼着秦腔，正咥着羊肉泡馍，老远或是隔窗看见了陈忠实、贾平凹，认识不认识，都要撵着去问一声。对文化人的尊重，是超乎寻常的，你有钱怎么了？捂紧躲到一边凉快去，再不识趣，是非招人白眼的，骂你一声"烧包"是轻的。

城墙是最平实的市民生活，如璞玉一般，不做任何雕饰，原汁原味地展现在人们的面前。只要不是刮大风下大雨，黑天白日的，城墙根上就总有围着一圈一圈的人，胡琴拉着，板鼓敲着，为铿锵有力的秦腔伴奏。你方唱罢他登场，没有头，没有尾，吼唱者的面部神态和身体动作，可是要让人拍案叫绝了。自娱自乐的他们，是随意的、非组织的，有一点闲时间，围聚在一起，相互切磋，其乐融融，好不快意。夹杂其中的，就还有散步练把式的，遛鸟斗嘴的，卖报卖饮料的，人生百态，都在一起了。

城里的德福巷是年轻人的天地。这条不长的街巷，满是时尚的去处，茶馆、酒吧、咖啡厅，一字排开，不比上海的新天地、北京的后海差什么，徜徉其中的人，有多少都是黄头发蓝眼睛杂色着皮肤的外国佬。与之相邻的书院门，与德福巷相同又不相同，其所相同的也是一条不长的街巷，其所不同的是一切与"文化"相关的东西，譬如笔墨纸砚，譬如印石玉器，譬如画廊古物，不一而足，在一街两行的屋舍和外搭的仿古式摊位上，琳琅满目着，灿烂生辉着，整条街巷和在街巷里来来去去的人，骨子里都泛滥着一种怀旧。我是常要来这里的，可能为了买卖，可能什么都不为，就只为了逛逛眼睛。满头白发的剪纸老人，在我眼里已经很熟了，他的手艺是精湛的，苍老如枯树枝的手灵巧异常，一碗茶的工夫，就会有一幅美妙而又无可复制的剪纸作品呈现在观者的眼前。在他的一旁，还有个在写写画画的白胡子老人，他总是一身白色的道家服装，大笔挥动的时候，使人不免想起是《西游记》里的太上老君或是《封神榜》中的姜子牙，把他要疑为仙人呢。独一无二的碑林就在书院门的东尽头，这里是我国古代碑石收藏时间最早、数量最大的艺术宝库。欧阳询、褚遂良、颜真卿、柳公权、于右任这些如雷贯耳的名字，无不丰富着这处令人神往的地方。我要说，再有文化的人，来到书院门或是碑林，也要将他骄傲的头低下来，谦卑地去领受和体会这里的深厚与博大。

羊肉泡馍臊子面，灌汤包子锅盔馍，金钱油塔凉皮儿……数不清的小吃小喝，轻轻地一说，也要让人满口生津了。羊肉泡馍最著名的是同盛祥和老孙家，如果不吃清真的，还可以去春发生，那里的葫芦头泡馍不会比羊肉泡馍差。著名的羊肉泡馍坚持按劳分配的原则，不劳动者不得食，你是必须自己动手掰馍的，烙得七成熟的圆形锅盔馍，要费神来掰的，掰得黄豆一般大小，服务员给你端到锅上去，炉头就不会视你为外行，就要小心地给你切肉添汤煮馍了。爱食羊肉泡馍的老西安人，为了不太耽误时间，今天来吃羊肉泡馍，馍是他昨天吃过后买了馍饼拿回家，晚上看电视时，一边看一边掰，掰好了包在一方手绢里，吃时再提来……羊肉泡馍煮好端到你的面前，你是不能急吼吼去吃的，得一点一点来，沿着碗边，一小口一小口地吃，吃到最后，碗底会剩一口汤的,端起碗喝了,嘴里就都是流窜在齿舌间的羊肉泡馍味儿。

灌汤包子是"贾三家"的好,凉皮儿是"秦镇"的好,臊子面是"岐山"的好……酒香不怕巷子深,地道对味的名小吃,不管把招牌挂在哪里,整日里都会客满为患。生活在西安,亏得了天,亏得了地,但是一定亏不了自己的嘴,亏不了自己的胃。

一座城市,都会有它独具的脉搏和文化。西安就是怎样了,走路绊一跤,爬起来时可能会拾起个宝贝。此说虽有夸张的成分,但是绝对不会让人失望。摇滚歌手许巍,应该有他最为深切的感受,这个城市养育了他,给了他一根敏感的神经,让他感受得到音乐的新鲜,于是他便有了《执着》,有了《我的秋天》等。像无处不在的秦腔一样,在西安很容易听到许巍的歌声,他的精神特质,与这个城市是如此的和谐,平凡的人群,安详的老人,沉静的古城墙、护城河,都被歌者透过歌声做了一种新的刻画。

一次横穿城墙,殷红的夕阳挂在天边,柔和的阳光撒在护城河上,我倏忽听见许巍的《故乡》:"天边夕阳再次映上我的脸庞,再次映着我那不安的心,这是什么地方依然是如此的荒凉，那无尽的旅程如此漫长，我是永远向着远方独行的浪子，你是茫茫人海之中我的女人，在异乡的路上每一个寒冷的夜晚，这思念它如刀让我伤痛……我站在这里想起和你曾经离别情景，你站在人群中间那么孤单，那是你破碎的心，我的心却那么狂野。"许巍把我听哭了，一时泪流满面……我希望许巍能再写一曲西安的摇滚，一曲不使我落泪的摇滚。因为我看见，西安与许巍的《故乡》有了些新的可喜的变化。

除了许巍，还有郑钧、张楚，都是满含着西安的情怀，来用灵魂唱歌的，他们是西安的骄子，是精神世界的转世灵童。

妆容精致的年轻女子，温文尔雅的绅士，满面尘土的打工者，生于斯长于斯的老人，还有爬格子的我，我们共同呼吸着这个城市的空气，感受着这座城市的温度，感觉着发展和变化，我们享受生活，我们创造生活。

2010年7月7日　西安曲江

西安嫂子

在西安,把成家的女子是要叫嫂子的,并且依据年龄的大小,又分别称其为小嫂子、大嫂子和老嫂子。这已然成了一种习惯,这习惯始于何时,没听谁考证过。总之,西安的男人偏爱喊嫂子,西安的女子偏爱听人叫嫂子,一切的信任和敬重尽都融入这一声声的呼唤里面。

忠诚勤劳是西安嫂子的主色调。过去的时代,不管她们做姑娘时多么浪漫多么潇洒,一旦作嫁成婚,便都母鸡抱窝似的守着个家,呵护着自己的子女。外面的世界再精彩,那是外面的事;人家的老汉再有钱,那是人家的事。不动心,不羡慕,一辈子相夫教子,敬老爱幼,过着自己长长的日子,尽着自己长长的本分。现如今,这种传统意义的西安嫂子悄悄地发生着变化,她们已然不再心甘情愿地把自己培育成丈夫的"金丝雀",用小鸟依人的模样去争得一分疼爱,一分眷恋。有那么一些嫂子,勇敢地走出家庭,闯荡市场,成了社会生活中呼风唤雨、叱咤风云的女强人。但这只是极少数的一些嫂子,绝大多数的嫂子,也还是把门开一条缝,瞥一眼街上的风景,再退回来,仍然守着自己的家。

对于生活,西安的嫂子从来不做非分的设想,往往把自己内心深处的想法隐藏得很深,不轻易地放纵自己的情感,因为太多的社会角色要求她们的内容很多。即便那少数辉煌起来的嫂子,或是绝大多数平庸的嫂子,她们之间也还有许多可说的话,其共同点在于她们过日子的表现上,哪怕是面对已经十分艰难的困境,也不把那忧思让家人分担,就像她们可能忘记了自己的生日,却会以极大的热情招待丈夫的朋友、孩子的同学那样。

西安的嫂子大多不善用言辞表达情话,而且还会把浓浓的爱意藏匿起来,甚至对该有的柔情蜜意都会不习惯地羞涩起来。如果好男人对自己的老婆突然热情起来,或是添加那么一两个新潮些的爱的动作,定会遭受一次惨重的失败,这家嫂子不仅不去迎合你,还会痛斥你,从此可能还会得下一个心病:这男人是咋的了?去外面不学好了?养下别的人了?……这是浓厚秦文化在西安嫂子身上的积淀，她们深明大义，却不思变化，都市小市民的狡黠与农家的纯朴同时并存，导致她们把生活的实在内容看得很重，而对生活的多彩质量关注得不够。也许正是这个原因，西安的嫂子出类拔萃者总是很少，而出类拔萃者还总会得到同龄嫂子的不齿和妒忌。

西安的嫂子生活太实际了，因而当繁荣缤纷的现实世界需要她们放飞时，她们自己先收束起翅膀，怎么也潇洒不起来。西安的嫂子太多随遇而安的思想，因之会生出许多的惰性行为，而这惰性行为最容易消逝青春的热情。但是，西安的嫂子在营造家的概念时，仅凭直觉就会使异乡的女人相形见绌，她们能在同等收入下比其他地方的女人过得更好，因为真正的西安嫂子，心里有一把拨打得非常精细的小算盘，经济而实惠，正如杨牧之先生在他的《西安人》一书中所写的那样，西安的嫂子把自己制作成一只匣子，把男人"耙"回来的钱统统保管起来，一分一厘地数着用度。西安嫂子从"匣子"里取出金钱先给孩子和男人添置新衣、新用品，而后再想着自己。想到给自己买条好的裤子，已经买了又退回去，因为别人告诉她批发市场上同样的物料却要便宜许多（可能正是这个原因吧，骡马市的服装市场，康复路的百杂市场，生意就特别的好）。这只是西安嫂子精打细算的一个方面，而另一个方面的表现全在小小的一间厨房里了，她们差不多都是蒸、煮、烹、炸的高手，换着花样服侍一家大小，一日三餐，色香味形，从不马虎；可是家人不在的时候，拉开冰箱看一看，揭开锅盖瞄一瞄，有什么剩饭剩羹，囫囵填饱肚子就成，从不正经地为自己做上一顿可口的饭菜。

西安有其他南方城市所不及的黄土气质，厚重的城墙，正北端南的大街，构筑起西安嫂子耿直的秉性，眼里揉不得半粒沙子，心直口快，抱打不平，需要见义勇为主持正义的时候，一些聪明的男人躲到安全的地方隔岸观火瞧热闹去了，冲上来的往往是嫂子们。一年比一年炎热的天气锻造了嫂子们倔强的品性和高喉咙大嗓门，干起仗来，须眉们总要甘拜下风。但她们只是刀子嘴，豆腐心，飞沙走石之后，仍然是和风细雨，所以西安的男人们都不挺着个脑袋吃眼前亏，该低头时且低头，避过风，避过浪，西安嫂子说不定还会感到心亏，追上你，给你赔个不是，给足你男子汉的脸面。在外面，男人家可能是许多人的领导，在家里，嫂子肯定是男人的领导。在外面不是领导的男人受了气，受了欺，若让嫂子知道了，你是单位的领导也好，不是领导也好，不说出个山高水长子丑寅卯来，家里的领导绝不会善罢甘休鸣金收兵的。这时候的西安嫂子变了，变得能说会道了，变得天不怕地不怕了，哪怕是打官司，十年八年地打也不含糊。脏话满地泼，脸皮满天骚，不讨回个公道就一直往下闹！所以，西安嫂子的蛮横泼悍同她们的能干贤惠一样让人敬佩。

儿女大了，老人走了，西安嫂子头发白了。这时候我们西安的嫂子该叫老嫂子了，老嫂子还闲不下来，还有她们操心的事，儿子下岗了吗？女儿毕业分配怎么样？老头子血压高不高？……都是西安嫂子念念不能忘怀的头等大事，而这时她们的臂弯上还会抱着一个小小人儿。这小小人儿可能是她的内孙，也可能是她的外孙，粉扑扑奶嘟嘟的小脸映衬着"奶奶""姥姥"布满皱纹灰麻失色的脸，老嫂子没有怨言，也不去抱悔，更不为她们的老去而悲哀，只是透过越来越纷繁、越来越快捷的日子，看着现如今那些招招摇摇、风风火火的小嫂子叹一口气，说：我们那时候……

                        2001年1月3日　西安后村

第三辑 知乎情怀

柳风青汉
——柳青诞辰百年祭

柳风大道题诗劲,青汉高原纵马豪。

受邀参加"纪念柳青诞辰100周年,中国当代著名作家柳青故里采风行"活动,我站在寺沟村柳青故居前的窑院里,看着满山漫坡的绿色,从心底感受到一种柳风扶摇的快意,不禁借用柳青的名字起头,吟诵出这样的一副联句来。我怕自己的大脑有失,记不住我此时此刻的吟诵,就掏出手机,敲在手机的短信记忆里,很好地保存起来,到我结束采风活动,回到西安的家里,展纸泼墨,把我纪念柳青的联句,书写了下来。我在书写对联时,还用抓笔,大写了"柳风青汉"四个字。

我把我写好的书作,悬挂在我的书房,对照着来写我纪念柳青的文章。

何谓"柳风"?我把我在柳青故居窑院吟诵出的

联句中起首的两个字,在网络上百度了一下,弹跳出来的解释是,柳风谓之春风。并举例历史上几位有影响的诗人,在自己的诗句中,都豪迈地使用了"柳风"这两个字。其一为唐代的温庭筠,他的《更漏子》词之二有云,"兰露重,柳风斜,满庭堆落花";其二为元代的贡师泰,他的《遣怀》诗有云,"日入柳风息,月上花露多";其三为清代的富察敦崇,他的《燕京岁时记·万寿寺》有云,"柳风麦浪,涤荡襟怀,殊有天朗气清、惠风和畅之致"。

如是看来,柳风之于柳青先生,应该是他所追求的。

我是想了,少年柳青的故居,距离奔流浩荡的黄河不远,他一定是去过黄河的。从他家的沟道起步,就有迎风荡漾的柳树,一路向东,直到黄河岸边,好像越是接近黄河,柳树越是密集,越是高大,由此可生的柳风,也越来越浩荡,越来越强劲,特别是在黄河古道上,柳风与河水,相互交融,相互影响,就更是涛滚风扬,壮伟壮观。

祖姓为刘的柳青,为自己的笔名先确定下一个"柳"字,可是他对故乡发自内心的一种记忆?我无法求证柳青先生,但我想说,这是一定的,而且同时,我还坚定地认为，其中更有他对自己理想的一种确定。

柳风满故乡！

柳风满黄河！

一身柳风的柳青，因为自己的追求，因为自己的向往，在全国解放后，自觉挂职长安县委副书记，全家居住在皇甫村的一座小庙里，开始了他"文学以六十年为一个单元"的创作。脍炙人口的《创业史》，就是在这座小庙里，点灯熬油写出来的。

一部《创业史》，被众多评论家誉为解放后三十年文学的最高峰。这就是说他的文学成就，是堪可触摸天汉，而风流高标的。为此，青汉两个字，紧随柳风二字，涌上了我的心头。我查阅史料，发现南朝时的梁人陶弘景，在他《答虞中书书》一文中，就做了很好的运用，"栖六翮于荆枝，望绮云于青汉者，有日于兹矣"。后来的唐之贾岛和明之杨慎，在他们天才的诗句中，也大用到了"青汉"二字。唐人贾岛《送穆少府知眉州》诗云，"剑门倚青汉，君昔未曾过"。明人杨慎《新正六日登镜光阁》诗云，"仙阁通青汉，皇图望紫宸"。

人倚青汉、文峙青汉的柳青，是我始终追求的前辈榜样。

陕西的作家，著名的路遥，著名的陈忠实，不止一次地在他们的创作谈里，把柳青也都真诚地封立为了他们的榜样。听陈忠实生前说，他读《创业史》，把几个版本都读烂了。我不敢与他们大家比较，但作为一个热爱柳青的读者，我是可以与大家们来做比的，当我因为"文化大革命"，绝望地从老家的豆会中学门里走出来，以一个可教育好的"黑五类"青年，回到村里参加农业劳动，唯一能给我心灵以安慰的，就只有读书了。

那时候的书太少了，有许多被查抄而去，架在火上烧成灰烬。我们家的情况也是一样，还没等到造反派来查抄焚烧，家里人就先心惊肉跳，把家里仅存的一些书塞进炕洞里烧了。也是我太热爱柳青了，就在家人往炕洞里塞书的时候，悄悄地藏下了《创业史》，以及蒲松龄的《聊斋志异》。我把《创业史》和《聊斋志异》的封皮撕去，埋在喂食生猪的猪糠里，有时间了，就从猪糠里掏出来读。我读得怎么样呢？自己不知道，到我上世纪80年代初，也斗胆进行小说创作时，自觉不自觉地，从文法语言和结构等方面，就都学着柳青的样子，来进行自己的创作。当时的情况还不错，写了一些短篇，也都发了。1985年6月，人民文学出版社的《当代》

杂志，还把我的中篇小说处女作《渭河五女》发表出来，引来省、市、县的评论家，聚集在扶风县，给我开了个研讨会。会上的专家发言，有好几个人都说到我的创作，受柳青的影响是很深的。对此，我完全接受，并全面承认。柳青之于陕西文学的发展，有着奠基性的意义，他是一面文学的丰碑，我们热爱文学的后辈们，有着太多向他学习的地方。

长安区的几位热心人，自发筹措资金，要为陕西树立起一个以柳青为名的文学奖。这个奖，得到了省委宣传部与省作协的认可与支持，成为陕西省最具影响的一项文学大奖。2009年评选首届大奖，我的中篇小说《五味什字》，幸运地获得了大奖。接下来的2010年，评选第二届柳青文学奖，我的中篇小说《状元羊》又再度获奖，而且是中篇小说类唯一的一个奖。回忆我上台领奖时的情景，我把奖杯和证书抱在胸前，我想到的首先是柳青先生，我甚至都能看见他对我微笑，给我鼓掌，启发鼓舞我向文学的更高层面攀登。

两次获奖后，我都到柳青的墓前去，给他祭酒，给他点烟，并且依偎在他的碑身上，给他诉说些自己的困惑与需求。他好像听得见，也听得懂我的诉说，在我接下来的创作中,就给我更多的一份勇气,就给我更多的一种探索,我时刻告诫自己,要以柳青为榜样,要对得起拿了两度柳青文学奖的激励。

偶然的一次机会,有长安区作协主席王渊平在,我们说起了柳青,王渊平讲了柳青埋骨皇甫村的事。他说柳青去世后,一直没有入土,他挂职插队的皇甫村人知道了,其中几位德高望重的人,在村巷里,每人手持一管烟锅,吃着旱烟说,老汉(柳青)在咱村上住了十来年,咋说也算咱村上的一口人吧。老汉生前,咱没给他划庄基地,人走了,咱就给老汉划片庄基地,让老汉住回咱村上来,对老汉是归宿,对咱们也是一份安慰。

柳青的墓园,就这么以庄基地的形式确定了下来,他长眠于此,我从陕北吴堡他的故居回来,回到西安,在写这篇短章时,我不由自主地又去了一趟皇甫村柳青的墓园,向我心中神圣的柳青,说了我对他的怀念,并把我在他故居前吟诵的那一副对联,向他大声地又吟诵了一遍。

柳风大道题诗劲,青汉高原纵马豪。

2016年6月11日　西安曲江

时间里的曾祺老
——再读汪曾祺

散发着油墨香气的《小说选刊》第六期,捧在我的手里,翻开来,目录的头条位置,有三个让我看了都要眼睛发热的汉字:汪曾祺。他们选发了曾祺老的《岁寒三友》,这篇短文发表在1981年第三期的《十月》杂志上,当时转发了没有,我不知道,但在过去了三十三年后的2014年,被《小说选刊》选载出来,让我不能不想,《小说选刊》的编辑们为了什么呢?他们是为纪念曾祺老吗?好像不是,因为这个时间点,与曾祺老没有多少关系。那么,他们是对当月可供选载的作品不甚满意,找不到一篇可领衔的作品,而把曾祺老的旧作打捞出来,为他们的刊物救个急,同时也对广大文学作者提供一种范例,以及一种启发?

我胡思乱想着,不期而然地想到了时间。以选发最新小说作品的《小说选刊》，突破他们的办刊宗旨，来选刊汪老曾祺先生的旧作，可能会有这样那样的考虑，但我以为，这是因为曾祺老的旧作不旧，而我们的新作却也不新。这太让人气馁了，为此我更加感知到《小说选刊》的用心，就不仅是一种启发，而且还是一种倡导。

他们启发和倡导的，是要有志于文学创作的人，使自己的创作经得起时间的考验，永远地活在时间里，成为时间的朋友。

伏案在书桌上，点灯熬油地写作，谁不想做时间的朋友？永远地活在时间里呢？然而仅有一个美好的愿望是不够的，因为那个手抓不住、眼看不见的时间，是太讨厌了，而且记性又非常不好，能被他老人家记住的人少之又少，何况浩如烟海的文字，能让时间有所记忆，更是难上加难……便是手握重权的人，或是坐拥巨资的人，在时间面前，也无能为力，强蛮霸道没有用，财贿利诱更没有用，时间软硬不吃，时间自有时间的判断，时间自有时间的态度，他喜欢并有所记忆的人，不仅要有个性独立的情怀，更要有个性独立的精神。

历史上的陶渊明算是一个。他寒窗苦读，科举考试，有了名正言顺的功名后，也有幸头戴乌纱，但他并不怎么看中那个位子，当了两年不到的县老爷，即挂冠而去，下来像个贩夫走卒一样，做起了生意。事实证明，他官是做得的，而生意也做得不错，可他忽然官不做，生意也不做，"采菊东篱下，悠然见南山"，做起一个散淡悠闲的人，于"桃花源"里，闲庭信步，悠哉悠哉，种自己的田，吃自己的饭，这便叫时间羡慕不已，牢牢地记着他，时间不死，陶渊明也就不死。

时间就这么一副怪脾气，你拿他有啥办法呢？

你拿他一点办法都没有，在他面前，富贵如浮云，权势亦如浮云，那些贪恋富贵好权势的是入不了他的法眼的，偏偏是陶渊明一样的人，却很能讨得时间的欢心。然而要做的这一切又谈何容易，再譬如屈原，再譬如司马迁，再譬如苏东坡，再譬如范仲淹……我们阅读他们，发现他们如陶渊明一样全不急功近利，而且生之时也，似乎也不特别富贵，甚或还很潦倒，以至于苦难，但他们的生性偏又充满了烟火味，有极强的人文情怀，即是受非议，挨诽谤，遭陷害，坐大牢，被贬谪，受尽磨难也不悔改，提笔作文，张嘴说话，一言一语，依然没有官腔，依然没有空话，自然也更没有装腔作势,他们说的都是人话,人话是入得了人耳的,人话自然也入得了人心。

哦!时间这个东西,我四处找他不见,他原来就在人的心里。

汪老曾祺先生也是这样的一个人。他生前好像没有大富过,也没有大贵过,但他用他淡淡的、散发着烟火味的笔墨,使他活在了人的心里,让人念念不忘。《小说选刊》这次的作为,便是一个最为切实的证明。

而且是,大学的文科教育和大学生的阅读方向,为此又还做着他们的证明。2007年时,我在西安的一家主流媒体主持工作,并不是我多么厌倦那份工作,而是年过五十的我,受了孔老夫子"五十而知天命"的言语蛊惑,觉悟到自己该有一个新的成长。怎么成长呢?五十岁是一个节点,正如孔大圣人所总结,人在这个节点前,必须去做几件"得到"的事,譬如娶妻成家,譬如挣钱养家,譬如奋斗立业,这可都是要尽心尽力而做的呢!到了这个节点,往后就该做些"知道"的事。好像是,人生一世,得到容易,知道却难。我们成长着,到要娶妻成家时,只要不是太挑,都会抱得一个美人而归;到要挣钱养家时,只要不是太贪,都会使一家人吃饱穿暖和；到要奋斗立业时，只要脚踏实地，都会取得一个可以告慰人生的业绩。然而想要成为一个明白人，来做"知道"的事，非得有些生命的积累不可，也就是说，活得能够洞明人生，方可为之。我年过五十，虽不敢说明白了多少，但我知道自己，我该得到的差不多算是得到了，我该放下心来，去探询我想知道的事情。我离开媒体，选择了文学写作。在我离开媒体前，我派出两路记者，一路去西北大学，一路去陕西师范大学，我要记者们去这两所大学的图书馆，查一查大学生现在的阅读目标，还要记者们采访教授，问一问他们给自己的研究生讲授谁，他们的研究生写论文时在写谁。记者们把采访的成果传到了我的电脑里，我看了，虽不觉得特别吃惊，却也有种莫名其妙的伤感，原来炙手可热、非常华丽、非常热闹的那些人和他们的杰作，经过不算太长的时间淘洗，在大学学院里，不断地模糊着，差不多都要被人遗忘掉，而当时并不怎么大红大紫大热闹的人和他们的作品，却反而高大靓丽起来，耸立成一面面叫人敬仰的文学丰碑。

汪老曾祺先生正是这样一个人，在大学学院里，不仅是教授学生反复阅读交流的对象，而且又是他们反复学习研究的对象。

在时间里,汪老曾祺先生一如他生前一样,是鲜活的,是散淡的,带着他自己强烈的烟火味儿,以及他的人文趣味,让人时时刻刻想要亲近他,向他致敬,向他学习。

同一期的《小说选刊》,还选了我的一个短篇,我把汪老曾祺先生的《岁寒三友》读了两遍后,还耐着性子,把我的《油麻地》也读了两遍,不读不知道,对比着一读,我把自己读得汗颜不已。我知道,曾祺老自然地进入了历史,进入了时间,时间记忆了他。那么我呢?我就不想被时间记忆吗?好像是,我也有这样的企图,而且我还知道不仅是我,生而为人,谁不是这么想的呢?"雁过留声,人过留名",大家都在这么想。大家这么想没有错,但大家可有汪老曾祺先生的那一份质地和可能?背对热闹,享受寂寞,吃人饭,说人话,接地气,莫浮躁。

可亲可敬的曾祺老,您说呢?

2014年8月10日　西安曲江

青灯、木鱼和钟
——贾平凹文学创作中的宗教情怀

那是一尊木雕的佛首,比小斗大,比大斗小,见的人有说宋朝的遗传,有说唐朝的留存,还有说两晋南北朝的古物……我是一个木匠,老庙里折下来的檩条和柱梁,揭去陈年的包浆,不是吹牛,我一眼看得出使用过的年月。古老的木雕佛首,谁敢揭那团黑色的包浆,没人敢揭,却又没人考我,我就只隔着黑黝黝的包浆估摸了。我的估摸是虔敬的,我估摸这尊美到极致的木雕佛首该是明朝的奉献。如今,这尊珍贵的佛首,被贾平凹请了回去,敬奉在他的"上书房",天天都要敬香礼拜。

"上书房"自然不是清朝皇宫里的"上书房",是贾平凹给他专辟的一处书斋。他的这处书斋,堪称一家颇具规模的私人博物馆,满眼的汉罐、瓦当、石头、画像砖,其中拳头大的旧石狮子就有两千多个。他为此还写过一篇短文,称其是贾门《狮子军》。所有的收藏中,佛首是贾平凹最为恭敬的,有一尊铁制的,安顿在他接待客人的门庭里,有一尊石质的,安顿在他书法绘画的顶楼上,唯独这尊木雕的佛首,朝夕与他相望,他坐在书斋的写字桌上,每一抬头,都会接上木雕佛首庄严慈悲的目光,这使贾平凹的文学创作无法回避地浸淫在宗教的情怀中,而深深地被影响着。

青灯黄卷,想要成为一名虔诚的宗教信徒,少不了天长日久的修行,非如此,不可能觉悟宗教的真谛。不是我说,凡成就大德高誉的宗教中人,莫不是劳其筋骨、苦其心志的非常人物。

决意于文学途程的贾平凹,从高僧大德者的宗教人物身上,先天性汲取了这样一种品质。他太能吃苦了,当然还有他独具的悟性,自1977年以儿童文学创作步入文坛,到今天,他总共出版了多少本著作,我问过他,他自己都说不清楚了。原来评价一个人"著作等身",在贾平凹这里不好用了,他出版的著作把他埋起来,可以为他堆起一座恢宏的书山。仅以他创作的长篇小说为例,1987年出版了《浮躁》后,每隔三两年,就有一部长篇问世,按照顺序排列,计有《废都》《白夜》《土门》《高老庄》《怀念狼》《病相报告》《秦腔》《高兴》《古炉》等十余部。也许我识见有限,孤陋寡闻,不知当代作家谁能如贾平凹的创作一样丰沛。文学评论家雷达就说他:"我们很难想象,这个躯体绵薄,头颅也未必硕大的人,何以蕴蓄着如此惊人的创造能量,仿佛一座采不尽的矿床。"

雷达无法想象贾平凹。和他在一个城市生活的我也是无法想象的,但我可以很明白地说出来,他全部的创作都在这样一个词:刻苦勤奋。我要说,贾平凹的刻苦勤奋,不是一般意义的嘴上说的,而是实实在在的行动。他五十岁时写的《五十大话》一文,对此有着很好的诠释。他说了,五十岁以后不能冒险再做一些事情,样样都使人深省,其中一个不再做,就是告诫自己,再不能不顾身体的因素熬夜了。我以为他说了一句大实话。是为作家的他,不熬夜怎么写得出那许多脍炙人口的好作品。他之熬夜,把白天也习惯地当作了夜晚,是昼夜不分地熬着的。作为他的好朋友,我没少去他的书斋搅。我要说明的是,我搅挠他的时间都是大白天,可我踏入他的书斋,总像踏进无边深重的夜晚,像他现在的"上书房",他把开发商做得很大的窗子都堵上了。

一个青铜的灯杆,成弧形悬在他的书案上,为他聚焦了一处不大的地方,他就在那聚光下笔走龙蛇……他这一熬夜的习惯成了自然,到我与他成了同事,班子里有事请他到单位来,他进我的办公室,首要的事情不是与我谈话,而是几步走到窗子前,把我洞开的窗子关上,再把我洞开的窗帘拉严,让外人不知,还以为我俩说什么见不得人的黑话哩。

熬夜熬成了这样,他人过五十,确实不该熬夜了,但他却食言未行。我没问过贾平凹,我是从他的创作来判断的,他告诫自己不能熬夜了,但却在不长的时间里,连续推出《秦腔》《高兴》等几部长篇小说,而且一部比一部厚重,一部比一部宏大。西安文学界的朋友,聚会为他的《高兴》开研讨会,我是主持人,会上听他自曝内幕,说他写作《高兴》,前后历时两年多,并五易其稿。对他的这句话,我半信半疑,研讨会结束吃饭,我问贾平凹,表达了我的疑惑,让端了酒杯的他与我相碰就要喝下肚腹时,他不喝了,说我怎么可以不信他的话,拉着我的手,让我跟他去他的"上书房",验看他的《高兴》五稿。饭毕,我怀着探秘的心理,跟着贾平凹去了他的"上书房",看他一稿又一稿地从他书桌下的矮柜,如数家珍地连着取出五稿《高兴》,如西安古城墙砖一般砸在我眼前,我震惊了,猜想书稿得多少字,平均摊在每天又得多少字。这些字不是在电脑上敲出来的,贾平凹用不惯电脑,他依然用着自来水笔,像是刀刻一样,在稿纸上,一刀一刀地刻出来的。

这可以证明,贾平凹还是熬夜了。作为一个文化名人,又担任着陕西省作协和西安市文联的领导职务,他有太多的社会义务以及人情负担牵制,他不熬夜,那许多刀刻出来的文字,难道会无性繁殖出来!

熬夜的贾平凹,自然也是熬心的。我怀疑他把自己血管里的血,时常当作了高热值的燃料,一遍遍压向他的心脏,一遍遍地熬煮他的心。

呕心沥血……贾平凹的心是越来越柔软,越来越具有宗教情怀了。

日常或者民间,是最大的政治、最大的哲学、最大的宗教。我出版的第一本书,就取了个《日常的智慧》书名。当时,我与贾平凹就这个问题做了讨论,我以为日常或者民间,是政治、哲学和宗教的基础,没有了日常或者民间,政治、哲学和宗教是无根之木、无水之舟。政治、哲学和宗教所以存在,所以声嘶力竭、不遗余力地呼号和叫嚣，他们所要解释的无非是日常或者民间。

贾平凹的文学创作，从始至终，无时无刻不贴近日常或者民间，所以要说他的创作历程，也就是他圆满自己宗教情怀的历程。

这仿佛是庙堂里的木鱼声，哪哪哪哪敲着时，庙堂是活着的，就一定弥漫浓厚的香火气……那悠扬悦耳的木鱼声，是庙堂里的修行者敲响的，他们在为自己敲，同时又传播进日常或民间的耳朵。贾平凹该是庙堂里那个敲着木鱼的修行者，极其重视日常或民间的领悟和感受。

躲不过的是《满月儿》，这篇获得1978年度全国短篇小说奖的作品，公认为贾平凹的开山之作，作品中的农村青年满儿、月儿姐妹，因为贾平凹的自然塑造，让俩姐妹一出场就带着暖暖的宗教味道，她们是善良的、纯朴的。贾平凹由此而发端，到他来写"商州"系列作品时，就更自然地浸淫着宗教的情怀，乐此不倦地做着新的发现和探索。

这是贾平凹的智慧了。他在文学创作中，为自己构筑了一个贫瘠、美丽却又充满了神秘感的商州。可爱的商州，是贾平凹生活成长的故乡，他把自己的文学创作根植在故乡，使他的故乡升华成他的艺术精神的栖息地。这里天荒地老，苍茫厚重，峭崖深谷中有取之不尽的猎物、柴薪和药草，潺潺清澈的河流是鱼鲜、山货和舟船永不枯竭的渊源。有人说过，"当自然不仅仅作为背景而是同时作为作家的主要表现对象时，它必然会渗透作家主体的性情从而形成一个个艺术形象"。其实宗教莫不如此，"天下名山僧占尽"，这句话是可以说明问题的。贾平凹的"商州"系列，哪一部作品不是先以自然景物描写为开端，展卷捧读时，映入眼帘的总是那个"商州"山地的风物景貌，在这独特的自然景物里，让他作品里的人物故事，从懵懂中醒来，渐渐鲜活起来。他们是贾平凹的邻居和同乡，他们具有商山一样的气质，虽然，距离省会城市西安仅有一百多公里的路程，却因为山的幽深、路的崎岖、信息的闭塞，这里仍然有着原始荒蛮般的美丽。唐代诗人贾岛，不知何故路过商州，哀叹商州"一山未了一山迎，百里都无半里平"。用现在的话概括贾岛的诗意，最准确的话就是六个字"七分山，三分田"。一方水土养一方人，贾平凹笔下的邻居和同乡，在商州这个特殊的环境里，拥有异常的耐力、节俭和坚韧的品质,他们顽强地与天斗与地斗,艰难地生活着,却不失他们本质上的热情和好客。贾平凹在《商州初录》中说:"自酿的酒初喝味道并不好,但愈喝愈上口,酒令五花八门,冬天的夜晚便可以从黄昏一直喝到第二天清早,以谁家酒桌下醉倒的人多为荣耀。吃肉更是以方块见长,常在稀饭里煮有肉块,竟使外地人来吃面条吃到半碗,才发觉碗底尽是大肉片子而感慨万千。"《商州再录》中有篇《周武寨》,贾平凹又还借着《周武寨》中的寡妇,大说宁愿路过的脚夫随便吃杏子也不愿意卖给他们,只须把杏核留下便是。商州人的淳朴、厚重,就这么宗教般地被体现了出来。

"商州"系列,让贾平凹"吃到天堂糖果"般受用,他循着这条路,非要走到黑不可了。

盛行于商州的带着强烈宗教情怀的人物故事扎着堆往出走。《黑氏》中的木犊添了一条新扁担,他为新扁担专设了一个香案,来敬扁担神:"木犊反身退至院门外,转正身,齐足立于门内,叩齿三十六通,以右手大拇指在地上先画四纵,后画五横,毕,咒曰:'四纵五横吾今出行禹王卫道蚩尤避兵盗贼不得起虎狼不侵行远归乡故挡吾者死背吾者亡急急急如九天玄女律令。'咒毕,再不反顾,大步而去。"后来,木犊要去潼关挖煤,临行他父亲亦设香案拜天拜地拜列祖列宗,念咒出门画"四纵五横"护身符。商州山民在思想中,笃信神秘力量的存在,他们对神力的崇拜,也就是对宗教的崇拜,以此希望得到这种崇拜的庇护和帮助。阅读《天狗》,主人翁天狗到了"门槛年",即他属相相合的本命年。商州人认为凡经历本命年的人,运道都不会好,容易遭遇"牛鬼蛇神"的扰攘,解决的办法,就是在腰上缠上红布,以为辟邪。天狗是信邪的,他在自己的腰上系上了红腰带,如果有余钱,他还会置办酒席,以办喜事冲掉身上的晦气呢。

不独贾平凹偏爱文学创作中宗教情怀的表达,商州山里的民风民俗如此,他又能怎么样呢?在商州,不去历数佛教的场合,只说道教一门,著名的就有一十七处。商州区的双乳山、玉皇顶、龙凤山,商南县的老君山,洛南县的仓颉庙,山阳县的小天竺山、祖师洞,镇安县的塔云山、仙宫娘娘殿、玉皇殿、祖师殿、一天阁、金顶等,香火从来都很旺盛,还有他的祖居地丹凤县,就还有黄龙洞、松树洞、老姥庙等,历史上有名的

"商山四皓",不离不弃,终老商州山里,至今为人所景仰。贾平凹自幼生长在这里,耳濡目染,深受其影响,诚如他所说,"如何在中国背景下分析人性的种种缺陷,又能在作品中弥漫天人合一的浑然之气,意象氤氲,那是我新的兴趣所在"。兴趣所向,贾平凹便很自然地,一而再,再而三地向他感兴趣的方向而掘进了。

玄虎山是贾平凹中篇小说《故里》描绘的地方,山上与山下存在着两种截然不同的生活。山下的村民生活正经受着市场的冲击,发生着日新月异的变化,传统的生活模式和道德规范面临前所未有的挑战。然而玄虎山上的道观里,乌衣道士一如既往地延续着他们清规森严的生活,炼丹守精,潜心道法。他津津乐道着玄虎洞里的环境,亦颇有道家仙境,玄虎洞里有八具钟乳石,似人非人,体态阴柔,洞中有两眼泉水滋横,"下行一丈,入一潭口,一支从左斜入,一支从右斜入,水在潭中回旋,旋半圈,又反旋回来,再从潭下沿的一个槽口流出,往洞外沟谷去了。潭的中央,两个半圆的核心处,则浮旋一堆白沫不散,长年经月地"。泉水在玄虎洞里呈现出一个非常明显的太极图形。作品的主人公在玄虎洞里,如梦似幻,眼见八具钟乳石,竟然幻化成媚人的女仙,来为他父亲采撷金丹。

作为文化背景里的道士,在贾平凹的中篇小说《古堡》中有符号化的出现。如《故里》一样,道士修炼在高山顶上,熟识地史艺文,精通理义典章,作为商鞅后裔的一众村民,对道长充满了敬畏之心,凡遇重大事情,势必上山问卦占卜,焚香磕头得来的一纸谶语,就是他们行动的方向,村里的张老大,想要挖矿致富,同村的其他人手捧谶语,以为张老大挖矿会破坏风水,导致山中白麝复现,是不祥的征兆,便千方百计地予以阻挠,导致一连串的悲剧发生。

宗教的力量,在一定的环境下,是可能成为消极因素,而干扰阻挡社会经济发展和进步的。有位学者就曾评价贾平凹的创作:"他从对中国古代文化的混沌感受中,感性地、融合性地接受了中国的古典哲学,其中既有儒家的宽和仁爱,也有道家的自然无为,甚至有着程朱理学对世界的客观唯心主义的认识。"是的,贾平凹在他的文学创作实践中,虽然满怀深情地拥抱普遍存在于生活的宗教现象,却难说他把持得有多么准确,甚至有所偏颇,潜入神秘皈依的传说、巫术和占卜的泥潭,让人产生一种宣扬封建迷信的不健康倾向。但这并不影响他因此而使自己的创作更有质感,在一定的程度上,突破了现实主义的樊篱,表现出较多的非现实主义成分。

运用象征、隐喻等艺术手法,成了贾平凹手捉擒拿、常用不疲的方法。他以此对存在于商州山地的民间信仰进行透视,发现其中的奥秘,而使他的作品充满浓厚的魔幻色彩。自然界里的老牛、夜以及月等自然存在,都有了与人沟通的灵性,这在他的长篇小说《怀念狼》中,有了最为突出的表现。他以"舅舅"捕狼为线索,抽丝剥茧,为读者展现出一系列人与动物相互物化的离奇故事。狼这个让人闻之生畏的家伙,在他的笔下竟也有了与人一样的宗教情感和思想。贾平凹心里很明白,狼的本性是物性,即凶残和暴虐的象征,是人生命的危害者。但人也是狼的屠杀者,尤其在人定胜天的现实理念鼓舞下,狼往往悲惨地成为人的口中餐。这体现了人与事物的对立。贾平凹没有回避这一现实存在,他怀念狼,不忘记叙狼的凶残本性,却也让狼"放下屠刀,立地成佛",表现了狼能知恩图报的高贵品质。文中的道士有恩于狼,狼得到了金香玉,自己不用,如数送给了老道士。狼愿意与人和蔼相处,但人不知狼的善良用心,为了自己的欲念,不断地蚕食着狼的生存空间，狼奈何不了人，在退缩着，不断地退缩，哪里是它的家园？狼悲哀无助，变得脆弱而惊惧。当然，这不能说是人的胜利，也不能说是狼的失败，世间万物，你中有我，我中有你，从来都是息息相关、互相依存的。狼不是人的天敌，人应该以宗教般温暖的情怀，善待狼。

贾平凹的宗教情怀在这里得到了充分的展示。狼在他的笔下变成一种流失的文明。而对狼的怀念和保护，更蕴含了保护文明、追寻文化的理念。是狼，"激起了我重新对商州的热情，也由此对生活的热情"。贾平凹如是说，因此他让"舅舅"由杀狼而变为救狼，并向人间世发出这样的呐喊：可我需要狼！需要狼！

这是还要再提《古堡》的，那棵整日被烟雾笼罩的树，突然地被人一传说，就成了一棵灵异的九仙树，人们把它当神一样敬着，给它敬香化纸、添油点灯。拴在树身和树枝上的祈愿红布条，把一棵成仙了的树，裹缠得如一个风中飘摇的大红灯笼，云奶奶在九仙树下，居然连通了阴阳两界，和亡灵你一言我一语地交流着各自的思念和痛伤。这太不可思议了，但要认真地阅读贾平凹，并设身处地地为他所想，就知道不可思议的只是一种文学手法，而他表现的那种艺术情感，就一点也没不可思议，而是何等的真实和必然。例如《龙卷风》，贾平凹用了一章的文字，对人间鬼市做了惟妙惟肖的描写，他笔下的鬼有鬼的语言，而且会做生意，会为保护自己的利益同人周旋、争斗……鬼市里的鬼是如此，龙宫里的龙王亦如此。《龙卷风》中村民赶在四月五日祭祀龙王，场面的热闹自不待言，大家自觉走出家门，到州河边来烧纸放炮。然后，是男人呢，就要集体努力，用红布围起"太"字里的一点，浮水往石岛上去；是女人呢，则都拿了贡品乘船而往……上了石岛，一一去草亭前磕头祈祷，各人有各人的心思，言轻得只有自己听得着，当然龙王也听着了。

我陪贾平凹去过一些地方，领教了读者对贾平凹文学作品的热情。我问贾平凹，中国的作家多了去了，读者为什么喜欢你？他狡黠地看着我笑，却一语不说。我看得懂他的狡黠，那是一种自信呢，大自信啊。他一语不发，其实就是逼我说的，我说了，说他文字好看，他摇头依然不语，我又说了，说他故事好看，他仍摇头不语，于是我说，在于你作品中无处不在的宗教情怀。这一次他开口了，说，有道理。

为此，我想起了一个关于贾平凹的传说，在朋友中间传说一次，大家就要大笑一次。这个传说，贾平凹自己是知道的。我在他跟前核实过，他没有否定，也没有肯定，让我以为这个传说，应该是真实存在的。传说是，贾平凹落草在丹凤县的棣花镇，出生满了一月，家里客来客往，为他庆着好日。中午时分，父母在一张条盘上放置了钢笔、钱币、糖果什么的一些物品，来让贾平凹抓周了。抓周是他们商州的风俗，父母让月子娃抓周，是要考察月子娃未来的志向，抓钢笔者该是一个好读书的人，抓钱币者该是一个懂生意的，抓着糖果……满盘的物品，端到贾平凹的面前，他仔细看过，把钢笔、钱币、糖果等一一指点过后，什么都没抓，伸手到自己的裤裆里，抓住了自己的牛牛。

嗬呀！父母惊异之余，只能称赞他的自信了。

自信的贾平凹，不紧不慢地敲着木鱼，他敲了些时日，大敲出一片自己的艺术声响。他不会停留，他将改变自己，因此又要来敲击宗教场的黄钟大吕了。

难以置信，也难以置评的是，贾平凹的身体不是特别好，可他又那么玩命，那么让人揪心，不晓得他是受了什么力量的鼓舞，上了一个台阶，还要向上再攀一个台阶。我以为，还是深藏在他心里的宗教情怀，让他寝食不安，让他欲罢不能……正如大家论及他的文学创作，少不了谓其儒释道兼及一身的文化觉悟。传统知识分子的忧患担当意识、老庄神秘文化及无为处世思想、佛家普度众生的悲悯情怀，交织在贾平凹的笔下，杂糅在他作品之中，矛盾着，又统一着。统观他的创作，虽然片段的、细节的存在着一种轻佻的喜剧成分，但整体上不失生活的沉重和无奈，尤其是他的几部成熟之作。

可能是贾平凹体恤大家阅读他时的宏博和庞杂，在2009年时，他函集出版了包括《浮躁》《废都》《秦腔》三部长篇小说，这可谓贾平凹文学生涯的一件大事，足见其各自里程碑般的意义。

《浮躁》是贾平凹的头一部长篇小说，他出手非凡，正像他自己坦言："我试图表现中国当代社会的时代情绪，力图写出历史阵痛的悲哀与信念。"他的坦言是对的，但他也只是坦言了他的创作动机，他没有坦言他敏感的神经，如何能发出这一创作动机。这给读者提出了一道难题，在阅读作品时，以为他有一条神秘的管道，直通未来还不可知的事物。出版在1987年的《浮躁》让我就有了那样的感受，此其时也，中国的乡村改革也刚掀起潮流，大家"摸着石头过河"，谁都不知道前头的路怎么走。作品的主人公金狗接受了部队的教育和锻炼,复员返乡,他满怀热情,决心勤劳致富,却在家族仇恨和当权者迫害下,出师未捷,屡遭挫折和打击,无奈以牺牲自己的爱情,而换取了一个进城的机会,做记者后又不吸取教训,还要秉笔直言,结果招致一连串的祸端,最后还把自己送进了大牢。幸有情人石华,甘愿献身省长儿子,为他讨来一个自由身。灰头土脸的金狗出了狱来,举目苍茫,他无路可走,重又回到州河上……但他依然不甘命运的安排,还要与种种不合理的现象进行不懈的抗争。金狗是浮躁的,与金狗在《浮躁》中沉沉浮浮的韩文举、陆翠翠、英英娘、麻子铁匠、画家和福运,谁又不是浮躁的呢?

浮躁……作品出版后的中国社会,被贾平凹预言般说到了核心处,这时的中国社会和社会中的每一个人,都浮躁得自己认不出了自己。

《废都》继承了《浮躁》的这一艺术特点。它的出版,又一次预示了未来的社会生活,让人感受到比《浮躁》更为深重的凄婉和悲凉。

贾平凹头一次从他的故乡拔腿出来,来写历史悠久的西京城了。他这次的转身,堪称华彩靓丽,不像他写

《浮躁》时，看重于社会生活的叙述，写《废都》他转向了人物的内心世界，浓墨重彩地凸显他们的主观精神生活。

贾平凹说了，《废都》将是他"安妥灵魂"的作品。很显然，这只是他的一厢情愿，《废都》又哪是安妥得了作家的灵魂？庄之蝶，那位来自小县城，但在西京城浪出名望的作家，我想贾平凹是把自己的一部分寄托给他了。评论家贺绍俊就很明白地说："庄之蝶这一文化人的形象几乎就是贾平凹的精神化身"。庄之蝶身处繁华，内心却极为空虚颓废，他平日不能努力写作，而是奔波在官场、商场和情场之间，自恋自怜，对于倾慕于他的女性，他是来者不拒，表面看，那许多的女性似乎都倾慕着他的才华，其实不然，真正维系他和她们之间关系的，只是赤裸裸的性欲，是他身上保留着的旧时代奢靡的、荒唐的性趣味和性嗜好。欲望没法满足，灵魂无处依托，在连以前拥有的都失去了的时候，身心疲惫的名作家庄之蝶，最后被所有人抛弃，中风在车站混乱的候车室里。

庄之蝶的结局是悲惨的，《废都》中其他名人也好不到哪里去。秦腔名角后为西部乐团团长的阮之非沉湎财色和花天酒地之中,终使人眼变狗眼,看什么都发生了异变;画家汪希眠关窗闭户,制作售卖假画古画,被公安机关收监;书法家龚靖元赌博成性,在吸毒儿子荡尽家产后,自杀身亡;最可悲的是《废都》里的四小名人,他们是西京城的未来,却都竞相沉落,出没于黑白两道,吸毒嫖娼无所不为。

天作孽犹可违,自作孽不可活。《废都》的悲剧意味充满了彻骨的悲凉。

《秦腔》的问世,使贾平凹的创作达到了一个很高的境界。他的笔触再次聚焦现实,回到他所热恋的乡土叙事。

乡土叙事,是离不开乡土的。尽管我们每一个乡土中的人,毕其一生的努力,都是为了离开乡土,但自己被血浇灌的心,哪里又能真正离开乡土?贾平凹游离开他的商州山水,是有一些时日了,他所以回头再次地关注了乡土,是他发现了当下的问题,那便是中国人将面临"无土"的危险。土地是农民的生存根本,而现代化的建设需求,即是土地在迅速地减少,与此相伴随的,还有农村人口大量流散。"村子里死了人,都没有足够的人力来抬埋。"2007年秋天的时候,贾平凹的母亲病危回家,作为他的朋友,我驱车到棣花街探视,贾平凹陪着我,把生育了他的故乡转了个遍,他不无伤感地给我说了这句话,现在的乡村已不成为乡村,而家园亦非原来的家园。物是人非,让伤感着的贾平凹在《秦腔》后记的结尾,更加伤感地发出了一声长叹:"故乡啊,从此失去记忆"。

数十万字的一部《秦腔》,贾平凹没有设置一位"英雄"式的经典人物,讲述的也不只是某个人的个人际遇,琐琐碎碎,凌乱泼烦,既展现了贾平凹文学创作的一种新探索,又表达了他对家园现状的思考和底层民众生活的隐忧。清风街在贾平凹的笔下,仿佛一曲乡土中国的挽歌,是凄婉的,更是悲凉的。夏天义嗜土如命,在失去土地之后,他有了一个吃土的怪癖,最终在七里沟开荒时被黄土埋没;白雪与夏风的婚姻,本来是极令人羡慕的,天作之合,后来却以离婚告终;引生疯狂单恋,被人发现后又羞愧自戕,用刀去了他的男势;夏天智对秦腔痴心不改,留下遗愿死后入殓一定要脸谱马勺覆面……所有的情节和细节,蜂拥到贾平凹的笔下,无不显示他对于乡土、对于农民的忧虑和悲伤。

大慈大悲,慈悲为怀……这都是宗教所要释放的情怀，贾平凹在他的文学创作中，贯穿始终的，都是一个"悲"。有悲伤，有悲凉，还有悲惨。他所以充满"悲"的情状，应该是有鲁迅论及"悲剧将人生有价值的东西毁灭给人看"的那一种取向。这在他函集的三部长篇小说中，可以看得很清楚，三部作品那种深沉的悲剧意识，可谓愈演愈烈，几乎到了无路可走的绝望境地。其实，贾平凹是不想看到这个结局的，他是想要拯救的，拯救生活中陷入悲剧的一切灵魂。他能怎么拯救呢？大概只有宗教的"悲"了，在他的作品里，不仅是这函集的三部长篇小说，还有他的其他重要作品里，总是弥漫着一种泛神论的色彩。在朋友的聚会中，我就多次听他讲，万物皆有灵，相对于自然与社会，人是渺小的，个体的人要永葆感恩的心态和敬畏的心理。儒家的仁厚宽和，道家的无为自然，佛家的悲天悯人，被贾平凹糅合起来，输灌给了他作品中的人物。他多想自己塑造的人物，都能幸福地沐浴到宗教的阳光，然而又常常事与愿违，典型到后来，《废都》里的庄之蝶在与唐婉儿做爱后，竟然来了一次模拟自戕，到了《秦腔》，那个神叨叨的却绝对清纯善良的引生，则为了证实他的情感纯洁，刀起刀落，很干脆地自戕了自己。

"人生很少有欢乐。""人生就是痛苦的,苦难的。"在贾平凹的一些访谈题中,这两句话吊在了他的嘴上,他是不断要说的。我以为他是为他作品中的人物代言的,同时也在为自己代言。众所周知,贾平凹的童年生活贫困孤独,独处的环境造就了他敏感抑郁的性格,这使他既自闭又内省,进而拥有一份独到的人生体验,加之他的灵慧敏悟,自以为是深化着他的思索和发现,让他坐望世态,总会生发出宗教般的感知和预见。这是贾平凹奇异和神秘的地方,但评论家阎纲却有不同的看法,他在评论贾平凹的作品时说了这样一段话:"平凹自己并没有把世事看透,所以悲从中来,灵魂始终不得安宁,不敢承认自己艺术的成就与成功。他悲天悯人,却无力救苦救难。"

悲乎哉,我的朋友贾平凹,就还得在他的"上书房"给他敬奉的那尊木雕佛首焚香磕头了。不要误会贾平凹,他是真拜佛的,在那尊木雕佛首前,他铺了一条朴素的毯子,他给佛敬了香之后,是要长长地趴下来,五体投地地给佛磕头呢。贾平凹因为拜佛,虔诚地不带一丝杂念地拜佛,他所获得的庇护和启示也将不断。

就在脱稿这篇关于贾平凹的文章后,我去了他的

"上书房",我也如他一样,给那尊木雕佛首敬了香。我也想学着贾平凹,五体投地地拜佛时,我跪不下去了,当然就更趴不下去……贾平凹原来磕头叩拜的那条毯上,不知什么时候,有了一只体量很大的木雕蟾蛙,金灿灿完全天然的形状,卧踞在佛首的面前,我想贾平凹把这只金蛙是比作了他的,他要出门去,天南海北走,他不能冷落了佛,就找来一只金蛙,代替着他,时时刻刻替他敬着佛,并向佛窃窃私语,为贾平凹祈祷灵感和健康。

2010年6月13日　西安曲江

精神的路遥
——再读路遥

因为换届,已故作家路遥在陕西省作协第六次会员代表大会上热了起来。大家无论在讨论中,还是在闲谈时,自觉不自觉地都要说起他,仿佛他并没有离开我们,仍然还与我们在一起。但残酷的事实摆在那儿,我们敬重的路遥的确离开我们走了,他走了已有二十一年,而他生前,进行文学创作也恰巧是二十一年,这两个相同的数字,其实并不能说明什么,但我还是偏执地以为,这起码可以证明,我们热爱和怀念路遥,认为他还活在我们心里的,就是他的精神了。

路遥的精神不死,他就会活着,一直地活着。精神不死,人不死。

路遥的精神是什么呢?读了他作品的人,都会有一个他的体悟。

路遥自小家境贫寒，在农村务过农，在小学教过书，可以说没有任何背景。但作为一名文学青年，他在艰苦环境下不懈追求，最终实现了他的人生梦想。他身上所具有的精神特质，通过他的文学作品，艺术地、形象地广为传播，激励着无数年轻人，去追求梦想，去改变自己的命运。他创作的小说《人生》《平凡的世界》等，很真实，很亲切，能够让人产生强烈的共鸣。这种笔外功夫，是路遥精神的一个大体现，他的创作，从不背离时代，从不厌弃生活，从不脱离所处的环境、土地和人民。而这也正是我们今天仍要牢牢树立的群众观点、群众路线和群众感情。

我读过许多评论家对路遥的评论，我也读过许多朋友对路遥的悼念，但我不能说，那所有的评论，以及全部的悼念，都只是纯文学的评论，都只是纯文友的悼念。

我和路遥，不能说多么熟稔，但也绝不陌生。不过，我一定得说，我是先读了他的《人生》，而后才认识他人的。我在阅读他的《人生》时，我还是一个走村串乡的木匠，到我和他面对面站在一起，握着手相互问候着对方时，我也是一个写了些东西的"作家"了。

我记得非常清楚，那是文学最为受人爱戴的上世纪80年代中期,具体地说,就是1985年的6月,我接到路遥打给我的一个电话,说他要陪《花城》杂志的谢望新老师,来我所在的扶风县,到法门寺烧香。我愉快地答应着他,来吧。过后两日,路遥就从西安到扶风县来了。我们见面的问候,他是主动的,先向我表达了真诚的祝贺。他祝贺我最新刊发在《当代》杂志上的中篇小说《渭河五女》,他说他喜欢小说中那五位鲜活的女孩子,他希望我以此为契机,从而获得更大的发展。他的话,我牢牢地记着,但却没有继续我的文学写作,而是迅速地逃离开来,二十二年不碰文学的门扉,直到2007年,放弃我做得顺风顺水的新闻工作,这才再一次地去敲文学的大红门了。我所以从文学的路途上逃离开来,这是因为我又阅读了他的《平凡的世界》。他陪同谢望新来我老家的法门寺上香,为的就是《平凡的世界》的发表和出版,谢望新编发了《平凡的世界》,并在刊发出来后第一时间给我寄了一册,犹如我前头阅读他的《人生》一样,我迷在了《平凡的世界》里,如饥似渴地读了进去。阅读的结果,让我自己也大吃一惊,我决定不写小说了。

我放下写小说的笔,说来是有几个原因的,但我阅读路遥的《平凡的世界》是很重要的一个原因。我深知自己还没有准备好,不只是技巧方面的,关键是精神方面的。

一个人,特别是有志于文学探索的人,肢体的残疾都无所谓,精神上残疾就不好了,便肯定不会有作为。

我在路遥的作品里感知到了一种精神,就是青年人成长的精神,二十二年,我在逃离中养成着,终于不能按捺,提笔重新来写小说时,我安排了《西安日报》的两位记者,深入到西北大学和陕西师范大学,到这两所大学的图书馆里去查一查,大学生还读小说吗?哪本小说在大学生中很受追捧?从西安两所学校的调查来看,大学生依然是阅读小说的生力军,路遥的小说《平凡的世界》在学生中反响很大,倍受追捧。

这个调查结果令人兴奋,我不再犹豫,再次大胆地开始了我的小说写作,如今算来,也有六个年头了。我以为,路遥的精神,是我斗胆向前的最大动力,他知道自己的平凡,却要奋力向不平凡而为,让人感受一种真实,感动一种历练,感受一种情感,灵与肉,爱与恨,家与国,以及一切,皆于平凡中彰显精彩。

2013年5月26日　厦门宾馆

在高山顶上
——致祭陈忠实

一部《白鹿原》,让陈忠实先生突兀地站在了高山顶上。

二十多年前,《白鹿原》的出版,是中国文学史发展上一件壮丽的大事。当时,我捧读了一遍《白鹿原》后,不能自禁地又连读了两遍,每一遍阅读的时候,还要忍不住把读过的部分,再翻过来重读,有几个晚上,到我极为不舍地合上书准备睡去时,却发现窗户上已透出亮白的曙色……我追忆我的阅读经历,没有哪一部作品,能如《白鹿原》一样吸引我,让我彻夜不眠,不读透绝不释手。

也把文学创作放在心上的我,就这么不讲理由地敬仰上了《白鹿原》,同时更敬仰上了《白鹿原》的作者陈忠实。但我知道,这不是开始,也不是结束,这将是我热爱文学的心，要始终坚持的事。在《白鹿原》之前，我就兴冲冲地读到过陈忠实的《信任》《康家小院》《初夏》等不少中短篇小说。说实话，我不是个好读书的人，而且是，我的时间也不允许我把能拿到手的书都读一遍，我是有选择的，选择我喜欢的作家，发现或是听说了他的作品，就一定要找来捧在手上读他一个透。陈忠实无疑是我喜欢的一个作家，所以我就特别喜欢阅读他。那么，我为什么喜欢他？并为什么喜欢阅读他？到我静下心来写这篇短文时，梳理了一下，好像有千万条理由，但要让我清清楚楚、明明白白地说出来，我又一条理由都说不出来。这叫我气馁，懊恼自己不是一个文学评论家，不过我知道，热恋的情人，一个爱着一个，为什么爱？他们一定如我喜欢阅读陈忠实一样，也说不出他们爱的理由的。好像是，世间能说明白的喜欢，就不是喜欢了，同样的道理，世间能说明白的爱，也就不是爱了。

喜欢是糊涂的喜欢，爱是糊涂的爱，因为糊涂，所以珍贵。

我如此诠释我喜欢陈忠实和他的《白鹿原》，可能没有多少人赞同，因为连我自己，就特别不能苟同。

但我经历了一次文学活动，十几个来自不同省份不同领域的作家朋友，在贵州一个叫贞丰的县里采风，晚上在一起吃西瓜聊天，不知是谁扯起的话头，论说起了百年中国的文学，要大家说出各自心里最有分量的一部长篇小说，结果是，所有的人，都说了《白鹿原》；下来又报第二部长篇小说，分歧就来了，不过还较集中，是四川籍作家阿来的《尘埃落定》；下来再报第三部长篇小说，各人报的名字各不相同，完全评不到一块儿。这个聊天式的评选，是不是我喜欢陈忠实和他的《白鹿原》的理由呢？我想一定是了。

然而，仅有这一条理由够吗？我知道是不够的，我们从他的身上，应该还能找到喜欢他、热爱他的一些理由，譬如他的质朴、他的真诚、他的执着、他的倔强等，这许多特质，在他人的身上也许都存在着，但我认为，都不及陈忠实来得彻底，来得通透。

回想我和他交往三十余年，酒是喝过一些的，但大多时候，都是会议上的酒，很少私人间的杯来盏去。我这么说，不是想要借陈忠实的大名，为自己张目，而是要说我和他的情谊，仅限于我对他的喜欢和热爱上。有一件事我一直记着，一次作协会议，讨论一位作家的作品，我就坐在陈忠实的对面，他介绍起别人来，名字脱口而出，不打一点磕碰，轮到介绍我了，他挠着头记不起来，旁边的人提醒他，他"噢"了一声，再介绍时还是介绍错了我。这件事过后一天，他给我打了电话，问我有没有时间，他要请我吃一餐酒。我当时确实有事，就委婉地推辞了。可是，没过两天，他又给我打电话了，在电话里他说听人说了，说我攒了些老西凤，他喝酒只喝老西凤，我可舍得一瓶，让他饱一饱口福？这么在电话里一说，我便有事也不能再推了。于是，我怀抱一瓶墨瓶的西凤酒，参加了先生的酒席。

去的路上，我猜可能还会有人作陪的，可我到了后，却只有先生一人，坐在一个圆桌的一边，笑笑地让我坐在了另一边。这也就是说，这一餐酒，没有别人，就只我们俩人。

我把抱来的墨瓶西凤酒交给服务生，要服务生打开的时候，先生从他的腿边拿起一瓶比墨瓶西凤更老的老西凤，向我扬了扬，说：咱们喝这瓶怎么样？我是好酒的，而且最好存得有些年份的老酒，所以我不能强调我带来的墨瓶西凤，应和着先生的意趣，来喝他带来的老西凤了。不过，至此我还不知先生何以请我吃这一顿酒。还好，三杯酒下肚,先生自己说出来了,说他设宴是为向我致歉的。他何歉之有?我恍惚起来,听他怎么说。他说了,在那么一个会议上,他叫不出我的名字,让我丢了面子,他是必须要给我当面道歉的。我是个什么人呢?值得先生如此记挂?值得先生如此抬举?我被感动了,自己呢,就站起来敬先生,连着灌下喉咙六杯酒。

那个时候,我在《西安日报》主持工作,因了那一餐酒,报纸有对先生的需求,我便打电话给他,而他有求必应,赶着点儿,会把报纸需要的文章传过来。要知道,那都是些应景的文章,像他那样受人敬重的大作家,一般是不会写的,可他没有不高兴,没有不愉快,认认真真地都写了。特别是四年一度的世界杯足球赛,我们在报纸上给先生开了专栏,每天一篇文章,从开赛的头一天起,一直到落幕的那一天,差不多一个月的时间,他不断头地写,而所有的写作,都基于他晚上观看足球比赛的体会和感受,连续几届,俨然成为我们《西安日报》最为忠实的撰稿人。因为是他的足球观感,阅读者自然上心,为我们《西安日报》的市场表现,添了不少彩,加了不少分。

2007年的时候,我离开了《西安日报》,专心于我的文学梦想,从此我与先生的交往多了起来,特别是近些年,隔上三两个月,不是我请先生出来坐,就是先生打电话请我到外边坐。这时候的先生,虽然还爱着他专爱的老西凤酒,但他还是坚决地戒掉了,我们坐在一起,我还喝我爱喝的老西凤,而他改喝了喜力啤酒。我们东拉西扯,文学是要说的,而生活则成了我们拉扯得最多的话题。我听得出来,那种淡淡的交谈,蕴含着先生对我写作的关心,他希望我能有所成就。我感激他对我的关心,到我们的聚谈结束时,我是要主动埋单的,但却不能,先生非得自己埋单不可,我如果坚持,先生还会鼻子不是鼻子,脸不是脸地发起脾气来,没办法,我就只好妥协,依先生的脾性而为了。

我白吃了先生多少次酒饭,现在是说不清了。不过,我劝过他,让他少抽一点烟,可他哪里能够少抽,四棱棒棒的雪茄,抓在他的手上,像他须臾不能离手的钢笔,他放不下著书立说的笔,自然也放不下云蒸霞蔚的雪茄,此之两物,如他的生命一般,是要与他共生死了。

今晨,惊闻先生仙逝,特以此文为祭。

2016年4月29日　西安曲江

旌忠练实
——哭别陈忠实先生

在手机上写稿,于我是头一次。

这是陈忠实先生逼出来的。宝鸡文学六十年活动,安排在2016年4月29日,这天早晨起来,在省委组织部工作的妻子知道我与陈忠实先生的感情,她受组织部领导的委托,要与组织部的一位副部长,去西京医院看望住院治疗的陈先生,问我去不去。我给她说了宝鸡的事情,并遗憾地说我真该去医院看望先生的。我所以遗憾,是因为先生病情不好的时候,是怕人看望他的。我尊重先生的意愿,硬是忍着没去医院。妻子他们代表组织去,是和医院沟通了的,而且也已与省作协联系,由他们转告先生,先生也点头同意了。机会难得,可我答应了故乡宝鸡的邀请,就只能驱车往宝鸡去了。汽车在高速公路上奔驰着,刚好入了宝鸡地界,我的手机响了,是妻子打来的,我把手机刚刚贴在耳朵上,就听到妻子哽咽着说:"陈先生仙逝了!"我被妻子的哽咽和言语,一下子弄懵了,半天没有反应过来,我知道妻子不会说谎,但我还是本能地问了她一句:"是真的吗?"妻子仍然哽咽着说:"我们没有赶上。"妻子的话,到我从宝鸡回来,去省作协设就的灵堂祭拜时,得到了省作协常务副主席黄道峻的证实,他说他本来约好要陪我妻子他们去医院看望先生的,医院紧急电话打到了他的手机上,他没顾上等待他们,直接去了医院,先生就是在这个时候仙逝了。

这个时候就是先生的讣告里公布的时候。

妻子哽咽着挂断了手机,而我却没有,缓缓地从耳朵边拿下来,平放在右大腿上,来写纪念陈先生的文章了。悲伤之中,一切与先生有过的经历,瞬间涌入我的脑海,千言万语,我首先写下《在高山顶上》的题目,接着就从他发表《白鹿原》往下走,说他一部《白鹿原》,"突兀地站在了高山顶上"。我这么说,虽然是我自己的体会与感受,但我相信,有太多太多陈先生的粉丝,会赞同我的观点的。我叮嘱开车的师傅,把车开慢一些,师傅有所领悟地开慢了。我和妻子的通话,师傅听见了，在我于手机上写着文字时，他小心地问了我一句："是写给陈老师的吗？"我点头回答了他，他便把汽车开得慢而平稳，使我在高速路上的汽车里，写到下宝鸡出口的时候，基本写就了纪念陈先生的文章。可我在最后落下的日期里，不知怎么就落错了，把明明白白的29日，落成了128日。《小说月报》（原创版）的执行主编韩新枝，以编辑家的敏锐，首先发现了问题，微信我日期上的错误。此后还有细心的朋友，用微信、短信告诉了我的手误。我想不通怎么会出那样一个错，128日，纪年纪月纪日的时间里，哪里会有一个128日？这是荒唐的，我脸红了，想我其时是如何手书上那个日期的。我想不明白，于是就赖上我的手指，还把手指伸进嘴里，在牙齿上咬了咬，咬着时一个念头蓦然浮现出来，以为我手书错了的日期，并不是错。我的手指在手书日期的那一刻，是一根别样的手指，灵魂地替我手书上去的。把29日减去1日，挪到这组数字的前面，就成了128日。所以如此，概因为我们不愿意先生离去，而先生也不愿意离我们而去。

先生好！就让我们活在这个错误的日期里，生生息息，天长地久……

可是先生还是决然地走了。5月5日,即是与先生告别的日子,我想我还有话要说。这是因为,就在先生停灵的几天时间里,却还有人唾沫来唾沫去,鼻涕来鼻涕去,实在是不该的呢。仿佛文坛,就是一片唾沫的海,鼻涕的湖,什么事不唾沫唾沫,不鼻涕鼻涕,就显不出文坛的热闹似的。要知道,先生生前是最反感唾沫和鼻涕的,如果有人被唾沫鼻涕上了,他也会挺身而出,真诚地关心安慰一下的。我就不幸地被人唾沫鼻涕了一回,很多德高望重的先生,不失时机地关心安慰了我,其中就有陈先生,他打电话给我,没说我被唾沫鼻涕的事,只说近来西安天气热,多喝水,多睡觉,有时间了,钻进秦岭里去,会好受些呢。我听了先生的话,有好多天,就钻在秦岭里,吃农家饭,喝山泉水,倒也真的是,把日子过得舒心惬意。

文学不相信唾沫鼻涕,相信的只是自己的劳动。

陈忠实先生就是以他卓异的劳动而赢得社会各方面的赞誉和尊敬的。他的一部《白鹿原》,就是一座文学高原上的高山,我看到一家媒体,在先生仙逝的第二天,编发了好几版文章,怀念追忆先生,标题是《〈白鹿原〉是中国文学的一座丰碑》,他们这么标题是对的,但我记得还是他们媒体,十多年前,却发文为难了一下先生,唾沫先生只写了一部《白鹿原》。当时我正在西安的另一家媒体工作,和那家媒体的头儿熟悉,看了他们的报道,打电话和他们还理论几句。我的理由是,先生写了一部《白鹿原》,这是事实,而比先生更早的曹雪芹,不才写了半部《红楼梦》吗?一个作家,成就作家的根本,不在数量的堆积,而是质量的崛起。我说得激动,就还说:一头牛死了,刨开肚皮,无非一大堆牛粪;如果是位得道的老和尚,死了火化,获得的是一粒小小的舍利子。咱们评一评,一堆硕大的牛粪能与舍利子比吗?不能比呀,牛粪终究只是牛粪,而舍利子就不同了,就成了一种精神,成了一个象征,舍利子是珍贵的,不可多得的!

把过去说了的话,今天再说一遍,我自己是要检讨自己了。2007年,我从供职的《西安日报》离开,没头蜂似的扎进文学的圈子,点灯熬油了近十年,一本书一本书地写,一本书一本书地出,除了数量的堆积,弄点儿小钱以外,还有什么呢?我不是妄自菲薄,告别先生,我是该有自己的觉悟的。我是不能只做个文学的"劳模"的,而是必须静下心来,向先生学习,做一个如先生生前说的，能给自己垫枕的东西出来呢!

　　告别先生，我说的是我的心里话，就如我致祭先生的文章《在高山顶上》一样。那篇短文刊发出来后，凤凰网转载时想配发一幅我与先生的照片，此外，还有香港《大公报》等媒体转发时，也想要我与先生的照片，可我怎么都翻不出与先生的合照，只好无奈地作罢。我想我是和先生照过相的，正在无奈遗憾的时候，朋友于2日晚聚茶，说起陈先生，雁塔公安分局政委李会贤，告诉我他那里有我与陈先生的一幅合照。政委说了，还当即起身回他办公室，拿来了他已装进镜框的我和先生的合照。先生和我拍这一幅合照时，政委就在场，他记得非常清楚，是2014年8月份，不仅我和先生拍了合照，政委和同样在场的西安美术学院院长郭线庐，也都和先生拍了合照。合照是政委的一位朋友照的，很有些专业的水平。先生和我并肩而立，笑得是那样的开心，那样的温暖。我把合照从政委手里接过来，抱在怀里，久久不忍放下。我抱着我们的合照，就像我抱着先生似的，有一股暖流，文学的、情义的、血液的……缠绵在一起，仿佛一眼永不断流的温泉，正汩汩汩汩地浸润着我的身体，我流泪了，哗哗啦啦，我是该有这一场没遮没掩的痛哭的，我哭别先生，却在心里还为先生撰书了一副小联。

我为先生所写的联句，围绕的是他的名字，"旌忠练实"。何谓旌忠，意即表彰忠节。《宋史·寇准传》有云："皇祐四年诏翰林学士孙抃撰神道碑，帝为篆其首曰'旌忠'。"《明史·英宗后纪》："冬十月丁酉，赐王振祭葬，立祠曰'旌忠'。"何谓练实，意即竹子开花后结的果实。《庄子·秋水》："夫鹓雏发于南海而飞于北海，非梧桐不止，非练实不食，非醴泉不饮。"我这么杜撰出来，不知能否写照先生一生。

联曰：

旌忠随伴书一卷，
练实可人花千秋。

2016年5月4日　西安曲江

错出来的佳话
——再祭陈忠实

"丝路织梦,灞水流声"文化座谈会,是由灞桥区委、区政府发起召开的。

他们举办的这次文化座谈会,仅从会标上看,可以理解,他们是要为区域经济文化的发展,进行一些基础性的研讨,而偏重点,是在"丝绸之路"这一大的时代背景下,确定灞桥区未来定位发展的思路。研讨会邀请了省、市多位文化名人。会议的主持人,是他们区上的女副区长肖琦,她开门见山,向参会的文化名人阐明了区上的观点,要大家畅所欲言,历史的、现实的,对灞桥区的经济文化建设发表意见。开始时的几位,发言紧扣着研讨会的主题,讲了许多极具针对性的建议,但是到了文学评论家李星发言,他偏开会议主题,说起了刚刚辞世的陈忠实先生。

陈忠实祖籍灞桥区席王街办西蒋村,也就是他倾注全部心血,为之小说了的白鹿原下。

跑题的一段发言,不仅没使组织者不快,甚至让他们听来,比原来设定的主题还要有兴趣。年龄与陈忠实先生相仿的李星,可说是位研究陈忠实的专家,他们在省作协共事数十年,彼此十分熟悉,他要来说陈忠实,自然非常吸引人。他建议区上在陈忠实的故居,给陈先生划出一块地,建设先生的纪念馆。对他的建议,区委书记员笑冬是重视的,他说区上已有筹划。书记在回答了李星的建议后,开口又提了一个问题。

他说:陈先生的《白鹿原》,在文学史上,应有怎么的地位?

包括李星在内,几位作家都谈了自己的意见,但是书记好像还不能清楚。这时候,我插话了。

我说:曹雪芹清朝初年创作了《红楼梦》,之后数百年了,能接上气脉的,大概就是《白鹿原》了。

下来的研讨,就都离开了预设的主题,你说一阵,他说一阵,说的就都是陈忠实先生了。

与我邻座的陈正奇先生,在大学教了一辈子书,他有非常深厚的历史地理学知识,开始的一段发言,老先生讲得很充分，对灞桥区的历史地理，以及人文知识，做了全面的梳理，讲了多个有益的建议。我服气他，和他耳语了几句。他说起了我和他的相识，并说了我那一次说过的一句话。

他说那一次我们聚会，我说陈忠实先生是位得道的"老和尚"，并说我说："小和尚是念经的，而老和尚说的都是家常话。"

幸有陈正奇老先生提醒，如不然，我把我说过的话都忘了呢。不过我忘不了那次聚会，陈忠实先生是召集人，他是受肖琦女士的委托，召集了好些个人，不仅我和陈正奇老先生参加了，还有今日到会的邢小利、陈亚红也参加了，地点在大雁塔东边的唐华宾馆。肖琦因为刚刚调升灞桥区副区长，分工主管文化这一块儿；她为了尽快熟悉灞桥区的历史文化，以及与现实的关系，也好帮助她在灞桥区开展工作。她把她的想法告诉了陈忠实先生，先生就选择了我们一些人，各抒己见地讲了一些话。

这从一个侧面，反映了陈忠实先生对家乡的关心和关爱。

任何时候，家乡有需求了，他都会不辞辛劳，不费面子,来为家乡服务的。那次由肖琦发起的活动,要小一些,我参加了,感觉却非常深刻;今日的研讨,主持人又是肖琦,规模比那次大多了,先生不在了,但他的影响在,围绕先生,大家说了那么多,可见先生之于灞桥区,难分难舍,将是千年万年的一个话题,先生像灞河岸边的柳树一样,成了灞桥区一张永不褪色的名片。

我发言建议,灞桥区可以组织专门的班子,收集有关陈忠实先生与灞桥的逸事与故事,编写成书,将不仅是对陈忠实先生的怀念,而且还会造福灞桥区,不是一代两代,而是世世代代。

我这么说有我的理由,想想中国历史上的文化人,谁不是生前深爱着他的故乡,而死后又还造福着他的故乡?秭归的屈原,韩城的司马迁,眉州的苏东坡,凤凰的沈从文……我要罗列出来,是一个很长很长的名单,但不管多么长,到现在都是要加上陈忠实先生了。

陈忠实先生备极哀荣。先生身后,对故乡灞桥产生了更大的影响,带来了更大的福祉。

行文至此,我有一件事,是一定要附录于后的,这也就是我文章标题的旨意了:错出来的佳话。在陈忠实先生辞世当日,我写了一篇《在高山顶上》的祭文,自己不知什么缘故,在手机的书写板上,最后点写日期,把2016年4月29日,点写成了2016年4月128日。这个错让我接着又写了篇《旌忠练实》的哭别文章,给予了改正。《陕西日报》5月5日为送别陈忠实先生出版的专号上,刊发了我写给陈忠实先生的头一篇祭文,《在高山顶上》的标题是对的,可下文却不是,整版两篇文章,除了我的一篇,另一篇是西北大学刘炜评教授的,报纸在夜班,把我俩身首相异,错发了出来。刘教授现在主持《西北大学学报》的编辑出版,我曾在《西安日报》主持多年工作,我们都出过错,所以就只在电话里通了几句声气,然后笑笑,以为是一件有趣的佳话。

刘炜评教授比我有心,他因此还写了一首七绝,通过短信和微信,不仅是送给了我,还送给了他认识的其他一些朋友。

刘炜评教授的七绝是:

> 难凭心泪写伤神,掷笔捶胸顿足频。
> 应许报人忙里错,我投镶接是君身。

2016年5月25日　西安曲江

你没去远方
——痛悼雷抒雁

我要到遥远的地方去了,
我是从遥远的地方来的。
那里有什么?
有天使飞舞吗?
有流蜜的河吗?
那里有没有不冻的泉水,不落的太阳?
…………

春节前,诗人雷抒雁从北京的家里,给西安的朋友陈维礼发来了一首《远方》的长诗,陈维礼又转发给我和几个雷抒雁在西安的朋友。当时我在家里整理自己的一部律体诗集,有七十二首,是写给秦岭七十二峪的,历时三年,一个一个峪口地跑,不踏遍秦岭峪口,是不会有这个收获的。我所以有这样的决心,细细想来,与雷抒雁的启发不无关系,但要具体地来说,又全然说不清楚,但我三年来造访秦岭的峪口,总会想起雷抒雁和他的诗歌,他是黄土地的儿子,他的诗也写给了黄土地。突然地,辗转读了他的新作《远方》,我的眼睛模糊了,心也跳得像要从嘴里蹦出来。我放下手头的活儿,拨通了陈维礼的电话,知他已从西安紧急飞到了北京,站在了雷抒雁的病床前。

是雷抒雁《远方》的新诗,让陈维礼坐卧不宁,心绪纷扰……我的电话追着他,追到了雷抒雁的病床边,我就想借陈维礼的手机,与大病中的雷抒雁说两句话,陈维礼没有拒绝,但却叹息了一声,轻轻地合上了手机翻盖。可这才过了几天,翻过年来,眼看着漫天爆竹礼花飞溅,我却听到一句悲哀的告知:雷抒雁老师走了!

> 我知道,
> 我的梦在遥远的地方,
> 那里总有星星一样的希望在闪烁,
> 总有使心跳的呼声在飞翔。
> …………

你给你诗画了一个怎样的远方啊！但你知道，我们朋友不想让你去，而且你也去不了，因为你和你的诗歌，永永远远地活在朋友们的心里，与我们一起同行，就如你歌颂过的黄土地、秦岭和小草一样，黄土地能够远去吗？秦岭能够远去吗？小草能够远去吗？都不能去，而且还要和着你的诗韵，唱出新的歌谣。

是的，你有你的远方，但你去不了远方。

我不能忘记，我新婚的那天，是你和我的同学你的妻子马利，乘飞机从北京赶来西安，参加了我在西北大学老师家里举办的婚礼。与现在人的婚礼相比，我和妻子陈乃霞的婚礼太小了，只有一张家庭饭桌和十个人的嘉宾，但我一直以来，骄傲地以为，我和妻子陈乃霞的婚礼，是人世间最富贵、最盛大、最锦绣的一个，这全都因为你，还有关心我、支持我的几位大学老师，大家自己动手，淘米择菜，烧出来端在餐桌上，又自己动手，开瓶斟酒，祝福的话，仿佛拂面的春风，吹得我和妻子陈乃霞，身暖心更暖，而你兴趣盎然，先是手指蘸着酒浆，在餐桌上作了一首诗，接着就讨来一支笔，在纸上把那首诗写下来，郑重地送给了我和妻子陈乃霞。

想想看，谁有这样的幸福呢？我得到了，也仔细地收藏起来,却因不断地搬家,一次一次,不知把我生命中那么珍贵的礼品藏在了哪里。在我写这篇短文时,翻得家中书满地、衣满床,却就是找寻不出来,我遗憾着,但一点都不失望,我坚信某一时日,那个你的亲笔贺诗,还会带着体温,带着你的情怀,鸟儿一样扑进我的眼里的。

我不能忘记,在你七十一岁生日的时候,你和我的同学你的妻子马利,再次乘飞机从北京到了西安,使我有机会给你主持一次祝寿晚会。像我的婚礼一样,那天晚上还是一张桌子,不过不是家庭中的饭桌,而是在西安享有盛名的亮宝楼豪华包间里。这是陈维礼特意安排的,到场的嘉宾,都是你在西安的文朋和诗友,还有你在西安的老师和同学,出门在外的陈忠实、贾平凹等人还专门打来贺电,他们之名都响当当如雷贯耳,大家围在一张大得有些离谱的餐桌上,笑语喧天,有美好的回忆,有日常的关心,但最多的,还是真诚热烈的祝福,大家祝你寿比南山,福如东海……这一日在2011年8月18日,这一日还像昨日一样,清晰地映画在我的脑海中,而且还将一直清晰地映画在我的脑海中,可你却无声无息地走了。

你走了,还以诗的形式,说你到远方去了。

情何以堪的朋友们,聚餐在乐游原你为之题写了"球家乐"匾名的小会馆里,由陈维礼倡议,朋友们要办一场追思会,并为你在乐游原上树一尊石刻像,追思会和石刻像的主题也确定了下来,就是我这篇短文的题目:你没去远方。

你怎么能远去呢?你永远屹立在我们身边,永远活在我们的心里。

2013年2月18日　西安曲江

谷穗金黄
——记秦兆阳、秦万里父子老师

餐后血糖飙升至一十六点八,我想抗着不住院,医生是不答应了,只有乖乖地待在医院,数着吊瓶里滴答滴答的药液熬日子。这种熬法,对我是新鲜的,就要奔六的人了,总是自信自己的身体,然而年龄不饶人,赶着点儿,该来的总归要来,譬如疾病,突然地上了我身,我有那么点措手不及,但我并不惊慌——2型糖尿病,我该怎么对待它呢?是把它当作敌人?还是视为朋友?这叫我矛盾,思考的结果,我偷偷一乐,觉得还是应该看作朋友,尽管这位不请自到的朋友并非善茬,但我必须善待它,如不然,它可是要叫我吃不了兜着走。

不知别人初染疾病是怎样的心性,坦白地说,我是既无忧,也无怨的。不过我多了一份心思,很没出息地怀旧起来。我首先想起两个人,一个叫秦兆阳,一个名秦万里，他们是血脉相连的父子，他们是我恩重如山的老师。

已故作家路遥，就曾撰文感恩时为《当代》杂志主编的秦兆阳先生。那是他写成中篇小说处女作《惊心动魄的一幕》后，两年间先后投寄给了当时几乎所有的全国性大型文学期刊，但都悲伤地被退回来了。路遥没了奈何，最后投给了《当代》。让他意想不到的是，不久即收到主编秦兆阳的信，对他的稿件给予了热情肯定。在秦先生的指导下，路遥对这部中篇做了新的修改，发表后，获得了全国首届优秀中篇小说奖。

秦兆阳先生扶持、培养的年轻作家，何止路遥一人，王蒙《组织部新来的青年人》、玛拉沁夫《科尔沁草原的人们》等等，是数不胜数的。便是我自己，有幸也获秦先生的青睐，耳提面命，让我受益匪浅。

几乎和路遥一样，我于1984年写成中篇处女作《渭河五女》后，没敢给《当代》寄，我知道《当代》在中国文坛的地位，写成先在一些大型期刊编辑部游击了几回，最后又还投寄到了《当代》编辑部。稿件寄出去没出十天，有一份电报拍到了我的手里，发电人是朱盛昌。这时候，秦兆阳先生因为年事已高，刚从《当代》

主编的位子上退下来,朱盛昌老师接过了他的担子,主编着在读者心里如同圣殿一般的《当代》。他在电报中开宗明义,告诉我稿件杂志要用,只是不知我给别的杂志寄了没有,他们的意见如何。我接电一刻不停,即去邮局回了朱老师一份电报。让我受宠若惊的是,一个多月后,我在农村的家里,给自己翻盖着二层小楼,就在小楼封顶的日子,县文化馆的好友,骑着自行车,赶到我的家里,把一本散发着墨香的1985年第三期的《当代》,送到我的手上。我翻开杂志,看见我刻苦写成的中篇处女作《渭河五女》,就刊发在当期杂志的头题,我一目十行地读着变成铅字的我的小说,不知是因为感激,还是因为感动,两股热泪地涌出眼眶。

有机会去北京开会,我专程拜访了朱盛昌老师。我从朱老师的谈话中,知道了《当代》的传统,这个传统是秦兆阳先生确立下来的,那就是以极大的热情和耐心,发现、关心、扶植和帮助新人。为此,还公开宣布,每期刊物必发新人新作。

秦兆阳先生的伟名,从此根植在我的心里,盼望着能有机会见他一面,聆听他的教诲。想不到,我梦想成真,就在《渭河五女》发表后几个月的一天,我种在自家责任田里的谷子熟了,我背着背篓,在谷子地里,一穗一穗掐着金黄的谷穗时,从西安的陕西省作协打来电话,先到达县文化馆,再由县文化馆打到乡文化站,这就有文化站的专干找到我收获谷穗的地头,给我说了秦兆阳先生要见我的消息。我二话不说,把拾了一背篓谷穗的谷子背回家,往光光净净的院子一倒,去厨房抓了两个蒸馍,装在一个黄帆布的口袋子里,连脸都顾不上洗,就去赶汽车,然后换乘火车,赶天黑到了西安建国路上的一家旅社里,敲响了秦兆阳先生下榻的房间门。

洗把脸吧,看你一脸的汗。

我记得非常清楚,在我自报了家门后,秦兆阳先生给我说的头一句话,是这样的家常,好像我是远路归来的孩子。有了这样的开头,我的拘束和羞怯顿然而去,敞开心扉,把自己的苦闷和茫然都说给了先生。先生是过来人,他听我说,不插话,也不打断,直到我说得上气不接下气,他把一杯茶推到我面前,我端起来,咕嘟咕嘟灌了两口。这时,我才觉得我说得太多了,我是应该听先生说话的。我扑闪着眼睛,我想我的眼神一定是渴望的,先生看懂了我的眼神,他开口说话了。先是几句安慰的话,具体都是什么话,我现在记不太清楚了,但我牢牢记下了他安慰我那些话的大意。

大意为:过去的日子都是好日子。

是的呢,只要那个日子过得去,要不了咱的命,夺不去咱的精神,咱又有什么可感叹的呢?咱挺直腰板,活出咱的风流来,该是怎样的精彩呀!

先生说着安慰的话,突然话锋一转,就说起我的中篇处女作《渭河五女》来了。他表扬我有生活,有心思,写的也好读,但在艺术手法上旧了些,思想认识上浅一些。先生的直言,我不敢说自己茅塞顿开,但已让我此前产生的那点儿轻狂的心理,冷却了下来。我为自己制订了一个计划,暂时地停下笔来,我要读书,把自己原来所欠缺的东西补上来。

我补课的时间太长了,而且是越补越感知自己的不足。因为此,我停笔的时间也就很长,从1985年算起,到2005年再写小说,中间竟是二十年。

我是从短篇开始新的写作,到了2007年,我写作发表了三部中篇小说,一部是《作家》杂志刊发的《五味什字》,一部是《江南》杂志刊发的《状元羊》,另有一部就是获得第五届鲁迅文学奖的《手铐上的蓝花花》。《状元羊》的发表,于我来说,似一针强心剂，发表后，迅速为《小说选刊》所转载，紧接着，又为《新华文摘》所转载。转载我这部中篇的编辑，一为《小说选刊》的副主编秦万里，一为《新华文摘》的专栏编辑梁彬。其中有个有趣的插曲，梁彬找不到我人，把我的稿费转到了北京市的版权中心，到她后来两次转载我的作品时，找到了我，才把我的稿费辗转汇给了我。秦万里迅速找到了我，接下来西安市有关方面给我召开作品研讨会时，还把秦老师请了来，正是这次会议，让我结识了他，而且知道他是我感激不尽的秦兆阳先生的儿子。

父子两代人，让我碰上了，他们关怀支持我，绝对来说，是我人生的一大幸运。

秦万里老师热爱摄影，他有个去陕北观光采风的设想。他的这个设想鼓舞着我。我们相互约定，在2007年的重阳节后，携手去陕北。我们是从西安出发的，同车北上，是有一段枯燥乏味的行程的，为了调节气氛，我把我听到的一些关于陕北的故事，悉数讲给秦老师听。我首先讲了两个插队陕北的北京知青故事，这是我在西安日报社工作时收集来的，真实而悲惨。其中一个，说的是一位延川的北京女知青，她在插队期间，与一位男知青说不上有爱，也说不上无爱，在苦焦的寂寞中，两个知青有了一次肌肤之亲的事情，偏偏是这一次，就使这位女知青怀了孕，而她自己还不清楚，最后肚子大了，还以为自己得了什么病，去医院检查，这就把一个眼睛晶亮的女婴生了下来。恰在其时，知青遇上了大返城的机会，女知青不想因为她生下了孩子而永远留在陕北，就忍着眼泪和心中的痛，把抱在怀里还未暖热的孩子，送给了当地的一位大嫂。

回到北京的女知青，事业上成就不小。她牵挂着陕北大嫂给她代养的孩子，就又去了一趟陕北，把已长得如花似玉的女儿接回到了北京，带在自己的身边，上了小学，上了初中，高中三年，考上了北京一所有名的大学后，孩子总觉身体不适，到医院检查，晴天霹雳一般，孩子患了白血病，这使女知青震惊不已。与此同时，让她比白血病更为震惊的是，医生的检查，意外地证明，她辛苦带大，带着考上大学的孩子，却不是她的血亲女儿。这使她痛苦，极度地痛苦，但她什么都不说，积极地为孩子治疗着，治疗方案中，有一项选择是，孩子的生身父母，如果能够再次生育一回，运用新生儿的脐血进行治疗，效果会理想一些。女知青为此去了陕北,寻找到了那位大嫂,打听出了事情的真相,陕北大嫂心痛自己的女儿,她为了自己的女儿过上好日子,就把两人的女儿调了包,在女知青来接她女儿时,她把自己的女儿推给了女知青,而把女知青的女儿留在了陕北。真相大白,女知青事隔一十八年,在她下乡插队的陕北山沟沟里,和她的血亲女儿见了面。她见到的女儿,说着一口道地的陕北话,穿着和模样,也是一个道地的陕北女子,她只艰难地读了小学,然后就在家里,帮助陕北大嫂放牧牛羊,收拾家务,供养着两个壮如牛犊的"弟弟",在县城读初中和高中……不过,她的信天游唱得很好听,北京女知青在陕北大嫂的带领下,正是循着信天游的歌声,见到了她的血亲女儿的。

她的血亲女儿当时唱的信天游是《摘樱桃》:

阳婆婆上来长二高,
风神神不动天气好。
叫一声哥哥去打樱桃,
朋友好交口难开
…………

见了面的血亲女儿，已经嫁为人妇，她身穿的花红衣裳有点宽，但是再宽，也掩饰不住她为夫家已经怀上了孕。

凭着媒体工作的便利，我得天独厚地积累了许多小说家编也编不出来的故事。我给秦万里老师讲着，一个一个地讲着，他鼓励我了，让我能艺术地把我所了解到的故事写出来。有了秦老师的鼓励，我斗胆把我已经完成初稿的两部中篇小说拿出来，征求他的意见了。这两部中篇小说中的一部，就是《手铐上的蓝花花》。秦老师是《小说选刊》的副主编，他为我一部未发作品把脉，这是难能可贵的。他没有敷衍，而是认真地帮我提高了。我们在陕北，一起看了气势磅礴的壶口瀑布，一起看了壮阔神秘的黄河乾坤湾，自然还拜访了秦万里老师的父亲秦兆阳先生曾于延安工作学习过的鲁艺等地方。五天时间，我们在陕北的沟沟坡坡上，走得非常匆忙，走得非常疲惫，但我们兴致勃勃，最后走到了夏国的建立者赫连勃勃的荒冢前。旧时的帝王陵墓，在岁月的淘洗下，只留下一丘大大的土堆和一面新立的文物保护碑。那一刻，我牢记在心，秋日的阳光，灿烂无比，高挂在晴朗如洗的天空，我站在秋阳下，身前身后，都是成熟的谷子，如金子一般，铺展在赫连勃勃墓的四周,我垂首直立,拖起几穗金黄的谷穗,恰在这时,我听到了一声清脆的轻响,不用看,我已知道,是秦万里老师摁动了他照相机的快门,他把我这一刻定格在他照相机的画框里。现在,有用我照片的时候,我别无选择,都把这幅照片传出去,刊发在刊物或是别的什么地方。

我自然地认为,秦万里老师给我抓拍的这幅照片,是我此生最为喜欢的一幅。

是夜,我和秦老师下榻在陕北的一个小山村里。小山村的脚下,即是莽莽苍苍的黄河,我们耳听着黄河不尽的涛声,在月光下的窑洞门口,说起了我的《手铐上的蓝花花》。秦老师说他喜欢这部作品,几天了,所以不说,是他还想多看两遍。看多了的秦老师,果然心得很多,他在肯定作品基础的时候,不加掩饰谈了许多意见,便是作品人物的姓名,也不放过,让我做了新的改动。我依照秦老师的意见,把《手铐上的蓝花花》改了出来,发表在当年《延安文学》的最末一期。《小说选刊》同期进行了转载,改过年来,《新华文摘》又给予转载,到2010年,第五届鲁迅文学奖经过数轮评选,以及读者在互联网上投票,幸运地获得鲁迅文学奖。

谷穗金黄，秦兆阳先生和秦万里老师，父子两代，就这么奇巧而神秘地与我相识相交。他们父子是我的恩师，是我的文学之神。

2011年7月28日　西安曲江

楚狂傲步锦绣林
——缘结熊召政

如果说在京获得《张居正》定评为茅盾文学奖的第二日，熊召政到西安与朋友喝酒是偶然的话，那么他从浙江的乌镇领取了茅盾文学奖的第二日，又一次到西安与朋友喝酒，恐怕就不能用偶然来解释了。

这该是缘分了。一个很深很深的缘呢。

熊召政是那么地热爱西安，在他每有大举动前，都会到西安来，四处走走，去黄帝陵祭祖，到法门寺礼佛，登华山拜天。他给我说过，他是来养气的。西安有这样的功能吗？别人可能有收获，我却不能，因此就只平庸下去。但这不影响我对熊召政的热爱，就像宋丹丹在小品里说她热爱赵忠祥一样，是打心窝里说出的肺腑之言。都这样了，他到西安来，我是肯定要陪的，陪他养气，陪他喝酒，陪他到大学里去演讲。

恰是他以长篇小说《张居正》捧回第六届茅盾文学奖后，做的第一场报告选在西安电子科技大学。围绕《张居正》的创作，他满怀深情娓娓道来，在一个多小时的报告里，赢得了西电学子近三十次的掌声，也就是说，几乎是三分钟就要爆发一次掌声。自然我也一次次鼓了掌，隔了一夜，手掌竟然还是疼的。

正是那一次听他报告，这才知道他所以要创作长篇小说《张居正》，原来是为他的死后做准备的，准备一本能垫后脑勺的书。确实，他做到了。

但我熟悉并与熊召政结缘，首先是他的诗。那时候他在秦岭南边一个叫英山县的文化馆做群众文化辅导工作，我在秦岭北边的扶风县文化馆和他做着同样的工作；他出身木匠世家，我亦出身木匠世家；他会一点木工手艺，我亦会点儿木工手艺。遗憾的是，我与他只能心交，却无法面谈。但我知道自己就是从那时起，即用心地热爱上了他，热爱上了他的文字。我读着他的诗，默默地读着，到了1980年，从《长江文艺》1月号上读到了《请举起森林一般的手，制止！》，我的心像是遭了电击，一下子狂跳了起来。一时之间，全国轰动，从北京到各地，几乎所有的报刊都有转载，218行的诗，到后来整理诗评文章,竟然达三十多万字,而且可以肯定地说,绝对不止那个数。

理所当然,那首诗为他赢得了荣誉,在1979—1980年度全国中青年优秀新诗评选中,获得了大奖,一举奠定了他在中国诗歌界的地位。我敢说,中国的文学史在他跟前是绕不过去的,因为《请举起森林一般的手,制止!》这首诗,还因为二十三年后的《张居正》这本历史长篇小说。他豪迈地走出偏僻的英山县文化馆,走进湖北省作家协会,成了那里最年轻的专业作家。

然而,关于这首诗的争论却还在他的故乡潜动,地、县两级的有关部门甚至组织了"大批判组",不仅要围剿作品,还要对作者熊召政采取惩罚措施。他们大喊大叫,把《制止!》看成了一份"报告",一份"控诉书",认为"作者把今日的英山县写得暗无天日",说什么"作者把人民生活贫困的原因,统统归罪于英山县的各级干部",武断地判定熊召政的诗歌是"不真实"的。来势汹汹的杀伐,阻挡不了一首好诗的流行,在那些个日子里,著名文学评论家邹贤敏、杨匡汉、李准等站了出来,发表诗评文章,支持熊召政,表扬"作者没有凭空去编织五彩的花,昧心去填写动听的颂词,而是直面人生，从生活里去挖掘诗的矿石，揭示生活的真相"。专业评论家支持熊召政，当地的老百姓更是坚决地站在他的一边，到他赴京领奖归来，原为老区的英山百姓，自发准备了锣鼓，购买了鞭炮，夹道欢迎他这位敢为人民代言的诗人。为此，有人还编了个顺口溜在英山百姓中间传扬着：北京大晴天，省里起乌云，市里发大水，县里淹死人。

我因此而想，什么是好诗？百姓欢迎就是好诗。

雄心勃勃的熊召政在喊出"制止"的声音后，不几年的时间里，先是出任《长江文艺》杂志的副主编，接着又当选了湖北省作协的副主席。按说，他这么顺顺当当地走下来，是不会成为问题的，他还年轻，前面的路还很长。却突然地一夜之间，他被"制止"了，只剩下一个职务：专业作家。

什么是专业作家呢？对别人是另一种解释，对熊召政来说，就完全是个"闲人"了。就如他去年出的旧体诗集一样，起名时，不假思索，提笔就写下"闲人诗稿"四个字。我没问熊召政，他这么题写书名，可是对那段日子的怀念。因为有了闲在的时间，他也好读一些书，而且可以很好地钻研他本已高妙的书法，哪一天都少不了写上几幅。为此,他刻了一枚闲章,上书"抱壶一驼"四字,每有书作写成时,都要紧握这枚闲章,极为工整地钤在书作的右上角。他还收集古陶和瓷器,几年下来,家里就不像家了,变成了一个颇具规模的博物馆了。

顺便告诉大家,熊召政来西安养气,最后都有所收获的,不是几个古陶罐,就是几只古石狮。为此,他曾写过一首古体诗,记述贾平凹先生送他"一只小陶羊"。

终究闲着,就不是熊召政了。他在闲中窥测机会,发现文人下海也是一个不错的选择。而且是,他受了一个大刺激,外地有人邀他参加笔会,他没买上硬卧,听人说软卧有剩,就想托人买一张。可人家说,你什么级别?专业作家,不是厅局级吧?后边凉快去。不过你有钱也行,个体户就自己掏钱买软卧,他们不要人报销。熊召政感到了悲哀,他硬着头皮买了张软卧票,走到了一个垃圾筒前,把那张软卧票正面反面各看了一眼,便一点一点地撕碎……笔会他是不去了。他用一个月的工资,给自己买了一张不需登上列车的经商之路。

毕业于中南财经大学(今中南财经政法大学)的

妻子，是家乡县长的女儿。当初下嫁给工人师傅儿子的他，是欣赏他的不俗才华。结婚时，他们的洞房里，除了一张木头床，就都是装着衣物书籍的纸箱了。为此熊召政曾自嘲说，他们的日子是从"纸器"时代过来的。后来有了儿子，夫妻间更是相濡以沫，情义融融。熊召政是满足的，他的妻子也是满足的，而且还又反感作家身上的铜臭味。用妻子的话说，浑身铜臭味的人，是无法当好一个作家的。

现在，熊召政要下海经商了，他过得了妻子这道关吗？

看来是不好过的。但是不好过也得过。熊召政吃了秤砣铁了心，他说什么都要下到商海里呛几口水了。他有这个思想准备，开始可能很难。便是难，他也不干那些卖挂历、拉广告的生意；反正斯文扫地了，要做就做大生意。一年多的时间，他瞪大眼睛找商机，竖起耳朵听商情。功夫不负有心人，有个商界的朋友约他到上海，带他去了一个高尔夫球场，这时他恍然大悟：湖北也有这样的需求，也可以用"会员制"筹措资金，在武汉建一个高尔夫球场怎么样？他这一想，回到武汉就干起来了。他用从朋友亲戚手里借来的钱办下了一切所需手续，接着就在《湖北日报》打了两个整版广告。就在广告登出的那天，就有人来报名了，几个月的时间，仅出售会员证就收回了六百万元。从此脱胎换骨，行有凯迪拉克，吃有酒楼饭店，他成了武汉商界的名人。两年后，他还走出武汉，受聘深圳运通集团担任副总裁，同时又兼任上海一家房地产公司的董事长以及君安证券等大公司的首席顾问。

按天做着这些商业大事的时候，熊召政的心却还在诗文身上操着。因为经商需要，他是必须研究经济战略的，而他又不想照搬西方的东西，就从中国历史的兴衰沉浮中，探索一些发展经济、强国富民的济世良方。其中，他读得最多的是《明史》，从《明史》里又找出张居正，觉得他的"万历新政"对今天社会是有很大启发的。

隔着历史长河，熊召政与张居正惺惺相惜。历史长篇小说《张居正》的写作念头，就这样萌发出来了。

寒暑十载，熊召政告别浮华，面壁书斋，终于完成了四卷本的历史长篇小说《张居正》的写作。这时候，朋友发现他变了，变得像他书写的张居正一样，在思考和处理问题时，充满了敢作敢为、忧患凝重的意识，同时又极隐忍、坚强。为此，他个人的分析是，这都是经商后的结果。因为"文人是感性的，热情却懂得爱。而商人是理性的，冷漠却懂得宽容"。这么看待熊召政，不知道是文人的品质帮了他经商的忙，还是经商的阅历帮了他从文的忙。

现在，他文商并举，双管齐下，一方面把他写作《张居正》时的边角余料，拣起来写了一大本《读了明史不明白》，一方面着手《张居正》的电视剧拍摄工作，据说业已全部拍竣，单等时机播放了。

前不久，我出差武汉，给我尊敬的熊老兄打了个手机，他便派车把我接到了他的书房。我知道，他于两年前，已从商海里抽出一只脚，上岸到了黄卷青灯的书斋里，脱下多套万余元的西装，往衣柜里一挂，天天穿件老头衫，趴在写字台前，做着自得其乐的码字工作。但他不会一味码字，他会周末的时候，和朋友去打一场高尔夫。说好了，我来他是要陪我打高尔夫的。不巧，我到达武汉，为武汉带来了十年不遇的大雪，整整六个小时的飘雪，长江边上的武汉全都覆盖在一片白茫茫的大雪中了。我们去不了高尔夫球场，就在他的书房里闲扯，扯得兴起时，熊老兄说他收集了一瓶雪水，正好给我写一幅雪水书法。

他说了,也做了。我心里自然高兴,因为这是一件求之不得的好事,在中国的文学圈,书法出众的人有两位,北是贾平凹,南是熊召政。带着他赠我的书法,回到我下榻的宾馆,上网敲了"熊召政书法"几个字,跳出来的几条信息吓了我一跳,在京城的图书拍卖场上,他的一幅书法从八千元起拍,涨到了三万元被人拍走。我为我幸运着,不知道谁还会有我这样的幸运。

2007年1月29日　西安后村

所以教授

掐指算来,抗战时期存在了八年时间的西南联合大学,解散消逝了已经六十六年,但其所具有的人性魅力,以及"刚毅坚卓"的治学精神,依然如日月一般辉煌灿烂,而且还将如日月一般,在中国的大地上永远地灿烂辉煌。

壬辰年秋初,受云南诗人雷平阳的邀请,与全国十多位茅奖、鲁奖获得者,采风于蒙自南湖畔的西南联合大学博物馆里,参观和听讲着那许多学人教授的事迹时,突发而来了许多感慨。这便有了我起头的这一段话。而我又还突然想起,去年暑假,我到北京大学参加一个活动,与人谈起现在的大学教育,感慨系之,我不能自已地说了这样一段话。我说了,教育部做了多少有益的事,他们自己唯恐他人不知的都说了,但有一点好事,不知是他们没有意识呢,还是有意回避。那就是关于中国人口政策的落实,教育部是做了大贡献的……现在的中国人,不论城市,还是乡村,谁还敢多生娃娃呀?生下来多添一碗饭不成问题,问题是供不起娃娃上学!教育成本的不断提高,让夫妻双方不得不仔细算一笔账,养得出,教不起。

在西南联大的博物馆里,我在想着这个问题时,目光注视着镶在墙壁上的那些老教授,我想他们怎么有才华,怎么学贯中西,怎么研究论证,都不可能想到中国今日的高等教育,会是怎样一个样子,惹得钱学森老先生在他生命的最后日子里,向国家总理发出了那样一句历史之问:中国的大学,怎么就培育不出杰出的人才?

谁能回答这个问题呢?大概只有悬挂在西南联大博物馆墙壁上已经作古的这一批老教授了……不是我偏心,同为老陕,我不能不对他们多一些关注。在那放射着光辉的教授群像里,我敏感地看见了两位熟悉的人,一位是陕西泾阳人吴宓,一位是陕西朝邑(今属大荔)人张奚若。

在陕西,关于他俩的传说可是不少。曾在美国哈佛大学、英国牛津大学、法国巴黎大学留过学、做过研究的吴宓，回国后，曾任清华大学国学研究院主任、外文系教授。先生主张，学习外文不能说掌握了西方的语言文字就满足，而是还要了解西方的文化精神，并且对中国的文学要有相当的修养和研究。遇到考试的时候，先生总要穿得非常正式，西装革履，如临大典，早早地来到讲堂，同学们进来，他就很是谦和地逐一递一份考卷过来，同时还要点头冲着同学们一笑，仿佛考试是他的错，要委屈同学们一下似的。到了钟响交卷时，有同学还没有答完，先生也不催讨，相反的，要比同学们更为紧张地安慰说，不要慌，慢慢写，不要紧。

一位叫刘文典的教授，与吴宓关系最是交好。刘是研究庄子的专家，他授课的时候，如果吴宓不被别的事情绊着，他是一定要去旁听的，而且总是坐在讲堂的最后一排，认真听讲。也是刘文典讲得投入，闭目讲着，讲到了自得处，这才睁开眼睛，向后排张望，问吴宓："雨僧（吴宓字）兄以为如何啊？"吴宓就如学生一样，站立起来，恭恭敬敬地回答刘文典："高见甚是。"

尺有所短，寸有所长。大教授吴宓的这种学习精神,让他的学生们在自己的回忆里,没少述记。

朝邑县于1958年修建三门峡水库时撤并到了大荔县,现在还有一个朝邑镇存在。出生于斯的张奚若,早年参加同盟会,1913年赴美入哥伦比亚大学土木工程专业学习,后因强国理想,改读政治经济。1929年受邀清华大学,任政治学系教授,不久又任职系主任。先生故来以敢讲话著称,抗战时,他是国民参议会的参政员。当时规定,大学系主任以上人员,一律要加入国民党,偏是他拒不填表。另有一次,张奚若参加参政会的一次会议,时为委员长的蒋介石也在,到张奚若发言时,他痛陈国民党的腐败和独裁,并说国民党"好话说尽,坏事做绝"。不过还好,蒋介石听得不甚高兴,即兴还了张奚若一句:"欢迎提意见,但别太刻薄。"这使张奚若就很受伤,站起来拂袖而去。

如两位陕籍教授一样,合并到一起的西南联大教授们,都有自己非常传奇的故事,譬如他们的老校长梅贻琦先生,其所作所为,还有所说,到如今都还是那么铿锵有力,振聋发聩。他说了:"所谓大学者,非谓有大楼之谓也,有大师之谓也。"后来,他在《中国的大学》一书中,更进一步地定义说:"一地之有一大学,犹一校之有教师也，学生以教师为表率，地方则以学府为表率，古人谓一乡有一善士，则一乡化之。"

便是这样一位受人敬重的校长，在主持西南联大工作时，还被学校里的才子们，依着他说话的语气，作了一首打油诗讥讽之。诗曰："大概或者也许是，不过我们不敢说，可是学校总认为，恐怕仿佛不见得。"

读了这首打油诗，我是几乎要笑了起来呢，可我赶紧捂住嘴巴，没敢笑出来。梅贻琦是位治学严谨的大教授，他说话尚且如此，而我们今天的半瓶子醋似的人，无论是在高校任教，还是在政府部门任职，说起话来的那一种霸道和不可商量，真是要让人汗颜的。

1937年的时候，随着全国抗战的逐步蔓延，沦陷区的大学有七十七所向内陆迁移，其中清华、北大、南开几所大学，在校长梅贻琦、蒋梦麟、张伯苓的努力下，联合起来，一路迁移，最后于1938年2月，从长沙启程，分为三路，长路跋涉，到达云南的昆明和蒙自，坚持办学，其所经历的艰难与困苦，不是今日几句话说得清的。仅以徒步走上云贵高原的那一路师生而言，他们途经湘、黔、滇三个省，历时六十八天，行程1663.3公里，试想，中外教育史上，可还有如此规模的长征吗？！

途中，学生查良铮带着一本英汉词典，他每天温习熟记几页单词，然后就撕去扔掉，到他随队到达昆明时，一本字典被他撕得片纸不存，而所有的单词，都一个不漏地装进了他的脑子里。

这样的学习精神和学习风气，是西南联大留给中国教育的又一笔宝贵遗产。费孝通先生在回忆他在西南联大的生活时，就不无自嘲地说了，日军飞机轰炸联大，大家出去躲警报，回来再找自己的住处，却使"整整齐齐"的一个院子，全都压在一寸多厚的灰尘下，我房子的窗玻璃全碎了，刷去桌上的灰，一叠稿子还好好的……到厨房里端出一锅饭菜，饭上也有一层灰，把灰夹走，还是雪白的一锅饭，我们在院子里坐下来，吃了这顿饭。

经济学家陈岱孙的回忆，似乎还很乐观。他说，警报一响，师生们一起跑出来，敌机飞到头顶上，大家一起趴下。过后学生抬头一看，哦，原来是某某教授啊，相视一笑，拍拍土，又回去上课了。

正是有这样的教授，有这样的学子，西南联大在以后的中国教育史上，写下了非常光彩的一笔，且有一串光辉的名字，让人敬仰和学习。他们有1957年获得诺贝尔物理学奖的杨振宁和李政道，还有邓稼先、朱光亚、郭永怀、屠守锷、陈芳允、王希季等获"两弹一星"功勋奖章的人；2000年起，首设的"国家最高科学技术奖"，目前就有四位西南联大的校友获得。

从西南联大博物馆参观出来，我一时无语，同行的博士生导师、中山大学教授谢友顺却有些冒火，他说了，我想看到更真实的西南联大！他的话，我是大以为然的，当年的西南联大，绝不是今天博物馆的样子，而我们的大学和大学里的教授，也不是西南联大所有的精神气质，这让真诚对待学问的谢友顺先生，又怎么能不冒火呢！

所以教授，在大学里，他们才最该是有发言权的人，他们才最该是主人。

2012年9月11日　西安曲江

梅娘的手影

那幅手的照片,让我蓦地想起了梅娘。

不晓得是谁,把他的手拳起来,拳得不是很紧,因为不是和谁逞凶斗狠,没必要拳得很紧。他的用意是明确的,为了一种艺术创作,于是,他的拳有了一个造型,涂上了油彩,再画上眉眼、嘴巴和鼻尖,还有绒绒的金色斑点,活脱脱就是一只凶猛斑斓的金钱豹了!

金钱豹凝固在照片上,成了一幅颇具创意的摄影作品,不会再有变化了。

而梅娘的手影,岂止一只金钱豹色彩斑斓的头颅?在光影的作用下,一双纤纤素手,只需轻轻一动,就会有各色各样的动物和人物变幻出来。在文化生活匮乏的关中西府乡村,梅娘的手影表演,成了大家一件不可多得的乐事。

原来在城里工作的梅娘,是跟着她戴了"帽子"的丈夫回到西府老家的。梅娘没戴"帽子",她是有工作的,就安排在我们村的小学教音乐。记忆中,梅娘是与众不同的,同样的月白色衣裳,穿在她的身上,就显得更是白净,就真的有了月的色彩、月的曼妙;还有围巾,一条同样毛色的编织围巾,松松地圈在梅娘的脖子上,就有了不一样的效果、不一样的感觉。当时,我只是觉得不一样,有什么不一样呢?又不知道。现在想起来,那不一样,就在于梅娘的素养、气质和品格了。

初识梅娘,是在那个飘雪的冬季。

那个时候,冬季比现在冷,雪花比现在多。在我们村小二年级的教室里,同学们冻得又跺脚又呐喊,胡乱地看着窗外飘飘荡荡的雪花,就发现梅娘胸前挎着一架手风琴,手里拿着本卷成圆筒的曲簿,顶着漫天飞舞的雪花,向我们的教室走来了。剧烈的跺脚突然停了下来,尖锐的嘶喊也突然停了下来。乡村孩子童稚的眼睛,在那个时刻,全都粘在梅娘的衣裳和围巾上了,惊异地看着梅娘走进了我们的教室。

我敢保证,从那一刻起,班上的孩子全都毫无道理地爱上梅娘了。

同学们起立,喊:"老师好!"

梅娘回了一句,说:"同学们好!"

回忆大家的那一声喊,是孩子们进了学校的日子里,喊得最为响亮的一次。好像那一声喊也驱除了冬的寒意,大家端端正正地坐着,听梅娘给我们讲她挎进教室来的手风琴。乡下的孩子,都是头一回见识手风琴,就都期望梅娘给我们弹一曲。大家的心愿,仿佛已被梅娘所感知,她在简要地说了那堂课的基本内容后,就很投入地给同学们弹起了手风琴。

梅娘的手指纤细白嫩。美妙的琴声,就像从她琴键上舞蹈着的手指间流出似的,顷刻灌满了我们的教室,我们懵懂的心,在琴声里开启着,感受到了抚慰和温暖、点拨和启发。

冬去春来,阳光明媚,校院里几株新栽的木槿花树上,粉艳的花朵开得灿烂无比,还有蓬勃生长的芍药和月季、状元花和打破碗碗花,也都赶着时节,绚丽地开放了。这都是梅娘的劳作,她在课余时间与我们一起劳动,栽种了这许多的花草,使得从一个旧庙改造出来的乡村小学,焕发出了鲜艳的生命活力。

是一个夕阳西照的下午,几个同学帮助梅娘抬水浇花，红扑扑的脸上，都有了明亮的汗珠。梅娘让大家歇会儿，她说让我们大家看手影动画。什么是手影动画呢？好奇的眼睛投向梅娘时，她嫩白纤细的双手握在一起，做了一个造型，在阳光的投射下，我们看见一只猴子，在光影里又搔耳朵又挠头，我们不能自禁地笑起来了。

原来黑得很慢的夜，在这个下午加快了速度，不知不觉已经华灯初上。梅娘要送同学们回家，而同学们还赖着不走，要看梅娘的手影表演。梅娘满足了同学们的要求，没有阳光不成问题，灯影的效果更好。同学们听着梅娘的安排，自觉待在窗外，看梅娘进了她宿办合一的房间，点亮了带着玻璃罩的煤油灯，就在粉帘纸裱糊的窗子上表演起来。亮白的窗纸上，小马蹚水过河去了，小猫钓了一条鱼儿，母仔双鹿回头顾盼……梅娘的手影表演，太好看了，太别致了。她给我们一边做手影，一边讲解着，每一个手影，都有一个很好听的故事，让我们幼小的心灵得到了雨露般的滋润。

我们是好奇的，我们跃跃欲试，都想把梅娘的手影学下来。梅娘呢，也不保守，也愿意教我们手影。好几年的时光，在梅娘的指教下，我们满是污垢的小手，在有光影的墙上或地上，都很认真地学习着梅娘的手影，但我们没有谁能做得比梅娘好。极富创造力的梅娘，总是在我们学会她的一个手影后，又会做出一些新的手影来。梅娘的手影，可说是一所学校，一所普通学校所无法比拟的学校。梅娘用她的手影，教我们知道了许多小学课本上没有的东西。她做出一幅高尔基的手影，从此我们知道了高尔基，以及高尔基的许多事情；她做出一幅鲁迅的手影，从此我们知道了鲁迅，以及鲁迅的许多事情。还有列宁、斯大林、毛泽东、朱德以及保尔·柯察金、米丘林等领袖人物、文学大师和科学家的形象和故事，也都在梅娘的手影上惟妙惟肖地呈现于我们的眼前，使我们热爱领袖，感动于文学大师和科学家。

村上请了一台皮影戏，唱的是什么，我们听不懂，也不想听，就鼓动梅娘表演她的手影。因为幕布与光的效果要好过以往，梅娘的手影表演就特别成功，不仅我们学生在台下鼓掌叫好，村上的人也都鼓掌叫好了。请来的皮影戏，被梅娘的手影顿时压了下去，连他们也丢下锣鼓家什，跑下台来看手影了。猴子吵架、喜鹊恋爱、老农抽烟、情侣亲嘴……哎呀呀，台上，梅娘的手影变幻莫测，妙趣横生；台下，观众们笑口大开，前仰后合，不亦乐乎。

就在大家沉浸在梅娘手影的快乐中生活着时，晴天一声霹雳，"文化大革命"的风暴刮起来了。梅娘的手影，竟然成了她的一条大罪状。造反派把梅娘关起来，让她交代为什么"反革命"，怎么想起用手影宣扬"封资修"。病态的造反派，白天把梅娘的头发剪得乱七八糟，还给梅娘的脸上乱涂油彩，并把梅娘和她戴"帽子"的男人押在一起，游街示众，批判斗争，到了晚上，却又缠着梅娘给他们表演手影。梅娘才不做呢，对着造反派冷笑几声，让造反派到屋外的窗下去看。造反派听话地出去了，影影绰绰地，也看见了窗纸上的手影好像是一只凶恶的豺狼，残忍地扑食一只小绵羊……造反派不解其意，还乐得哈哈大笑时，听得屋内一声闷响，造反派转进屋子，已发现梅娘歪在地上，有两根手指硬生生地磕断了！

没有了梅娘的手影，我们的日子是那么黯淡。有一阵，我们都变得粗野起来，像一群野狗，到处胡窜，打架斗殴，无所不为。只有接近梅娘的关押地，我们才会有所收敛，才会噤了声，屏了气。我们关心着梅娘，忍不住时，两个人架起一个人，爬上高高的窗台，去看我们尊敬的梅娘。看见了梅娘的那个小伙伴,下了窗台,脸上灰灰的,几乎都要哭了。

说:梅娘好可怜呢!

说:梅娘的精神要崩溃了!

我们一伙少年的心,便都挂在了梅娘的身上了。夜里睡觉,梦里出现的总是可怜的梅娘。好像又是一个深冬,像梅娘第一次走进我们生活的那个深冬一样,街道上没有阳光,只有狂暴的北风,卷起漫天的大雪,覆盖了村庄和田野。野惯了的我们,被肆虐的风雪封锁在了屋子里……小半夜的时光了,我被一声声凄厉的秦腔吼醒来了:

> 恨只恨无端的贼寇造反,
> 狠着心毒着手同类相残。
> 直杀得流泉咽愁云暗淡,
> 直杀得血成河白骨堆山。
> 繁花城变成了瓦砾一片,
> 荒村野地闹得鸡犬不安。
> 盼只盼有一日河清海晏,
> 奉高堂还故里菽水承欢。

那是梅娘的吼唱啊！过去，我们只兴高采烈地享受过梅娘手影的乐趣，不晓得梅娘还有一腔好唱。然而，在这个风雪严寒的冬夜，听着梅娘悲凄愤懑的秦腔，谁还会有享受的感觉呢？正如梅娘所唱《庚娘传》"奔丧"一折，谁听了，能不唏嘘慨叹？我就是不忍听下去，拉起被角，把自己的头脑埋在里边，任由辛酸的泪水，从眼角汹涌而出。

我敢断言，那个晚上，村里人都听见了梅娘咆哮着的秦腔。

梅娘被解放了。我们欣喜地去找她，却发现原来乐观好强的梅娘，变了个人似的，眼神呆滞，脚步蹒跚，一头乌发乱蓬蓬的，像一窝墙头的衰草。梅娘的精神失常了，那么迷人好看的手影一个都不会做了，那一次断指，在梅娘的心头，把她形神毕肖的手影也彻底地删除干净了。

梅娘唱着秦腔，每次唱的都是那悲愤凄凉的几句，直到她戴了"帽子"的丈夫平反昭雪，恢复职务又回了城里，梅娘的精神病都没能彻底好转。在梅娘夫妻离村回城的那天，我们都赶着去送，攥着渐行渐远的梅娘，我们这些梅娘当年的学生,都高高举起农业劳动磨出厚茧的手,向离别我们远去的梅娘做着手影。

梅娘回了一次头,她看见了我们的手影,轻轻地笑了一下。

梅娘的笑是凄楚的。那个笑留存在我的心里,就再也抹不去了。那个年代,梅娘把手影带给我们,她的手影像一股清澈的流泉,像一缕明净的阳光,抚摸着我们稚嫩的心灵,让我们感受到生活如诗如画般的美好。

感谢梅娘,你现在的日子还好吗?

时事如流水,往昔的许多事情都被流水所淹没,而梅娘的手影偏偏鲜活着。我想不明白,纤弱柔顺的梅娘,在灾难面前,怎么就那么刚强不屈。丈夫戴了"帽子",下放农村,她无怨无悔,跟着丈夫也下放农村;造反派让她表演手影,她竟断指拒绝。坚韧的梅娘啊,你难道就不能有另外一种选择?

是的,梅娘不能,如果能,那就不是梅娘了。

忽然就听到另外两个关于手指的故事。一个是英国首相丘吉尔,去出席一个宴会前,和他的夫人发生了激烈的争吵。宴会上,丘吉尔为了表示自己的歉意,几次屈起自己的两根手指,匍匐于桌面,向着他的夫人示意。再是清朝的乾隆皇帝下江南，微服走访民情，走进一家茶馆，被两名地方官发现了，惊出一身冷汗。俩人诚惶诚恐，下跪吗，又觉不妥，不下跪吧，亦觉不妥。便在茶桌上，一面给乾隆皇帝提茶倒水，一边屈起双指，胆战心惊地匍匐在桌面上，到皇帝离开，一直没敢收起来。

丘吉尔屈指向夫人道歉，有正史记载，不会有假。细细思量，觉得作为一国首相的人，能够谦恭地认错，真诚地致歉，是应该受人尊敬的。而乾隆时期的地方官员，屈指行礼，未见正史记载，是真是假，很难判断。但我们还是应该为那俩地方官感动的，他们的智慧，在那个特定的时代，不失为一种绝妙的选择，既能给足皇帝面子，又能保全自己的私益，何乐不为呢？

梅娘的手指，比起丘吉尔和乾隆面对的那俩地方官，不知要灵巧智慧多少倍。他们都只会屈指致谦和致敬，而梅娘的手指，千变万化，无所不能。梅娘可以心甘情愿地给她的学生表演手影，可以兴致盎然地给广大观众表演手影，但却绝不给造反派表演，其凛然的正气，在梅娘回城以后，仍然留存在历尽苦难的农村，叫大家念念不忘。

现在,我们的孩子都渐已长大。我们为孩子表演手影。虽然我们的手影没有梅娘表演得逼真,甚至很显拙劣,但我们还是要学给我们的孩子,并且深情地给孩子讲说梅娘的手影。

2011年2月2日　西安后村

油烟美丽

俗话说：货卖堆山。在古城南院门的几条街上，果然是一条街上专卖日用瓷器，一条街上专卖日用铁器，一条街上专卖锦旗牌匾……都不是热门生意，因为集中在一条街上，有个比较，买货的人都会先到这里来，生意也都做得很有起色。

相近的一条街，油烟缭绕，自然做的都是饮食生意，这一家专卖胡辣汤，那一家专卖凉皮，再那一家就专卖馄饨……总之，一街两行都是小吃店，却没有一家重样的。下岗女工苏巧巧租了一间门面，卖的是葱油刀背肉烤饼，如客人需要，还有鸡蛋汤供应。因为下料舍得，用料地道，很快在这条饮食街上打出了牌子，到饭时的当口，忙得四脚朝天，这就请来了她的小姑子，一边帮着她收钱，一边给客人端烤饼鸡蛋汤。小姑子上学虽然用功，无奈不是求学的材料，在她嫂子的葱油刀背肉的烤饼炉上，倒是找到了用武之地，眼尖手快嘴巴甜，生意就更加火爆了。苏巧巧就又请来了她的公公"响长安"。

响长安是个什么名字呢？知情者确实知道不是名儿，却比他的真实名儿要亮堂，原因在于他的那一口腔，吼出一声《周仁回府》的秦腔折子戏，那是满长安城都听得见的，原来在一家名头很大的秦腔剧社挂牌，这年头秦腔戏很少有人看了，老爷子心有不甘地退休回家。如今，受儿媳所请，来葱油刀背肉的烤饼摊上坐镇。不时地用他秦腔道白味儿极浓的嗓子吼一声生意，还真是叫得来几个犹豫不决的食客。

生意就更为火爆了，就又雇用了两个打工妹。

我是吃惯了苏巧巧那一口烤饼的。叫两块烤饼、一碗鸡蛋汤，在一边美滋美味地吃着，就看苏巧巧的表演了，好像她选的都是猪的后腿肉，七分瘦，三分肥，在一个大肉墩上，先是切成薄薄的肉片，顺成一排，就不用刀刃用刀背了，千遍万遍地拍着肉片，只把七瘦三肥的猪肉拍成碎碎的肉浆，撒上十香的调料，拌上脆青的葱末，收在一口景德镇的细瓷钵里；然后是揉面，烤饼的面都是苏巧巧起早就和好的,醒在一个很大的瓷盆里,用时掐一把出来。那一把的掐,是很有准星的,不多不少二两重,沾上黄亮亮的菜籽油,便在案上揉起来。又是千遍万遍地揉,揉出了筋,揉出了彩,再薄薄地擀开来,涂上葱油刀背肉的馅,一层一层地团成塔状的样子,托起在手上,在两只手心里轻轻地压扁了,放在一层油的铁屉里,推进木炭的火炉里烤,一小会儿工夫,葱油的味儿出来,刀背肉的味儿出来,烤饼还不出炉,那个独特香味儿,就已勾住了人的舌头,手便把捂在口袋里的钱币掏出来了。

说老实话,苏巧巧操作烤饼的那一手,在我的眼里,已上升成了一种艺术。

苏巧巧确实是忙,她的小姑子和老爷子,还有两位打工的小妹都忙,但谁都忙得一脸的高兴,一脸的快乐。特别是主理烤饼生意的苏巧巧,虽则只是一个下岗女工,一次性买断了工龄,用这一笔钱办起了葱油刀背肉烤饼屋,但她是乐观的,那乐观的态度,仿佛扎在她腰间的花围裙,更加突出了她的细腰和肥臀,以及丰腴挺拔的长腿了,小巧俊俏的脸盘儿,举在挺挺耸耸的脖颈上,脑后是一个盘得很高的发髻,透出了一个成熟女人的精神和秀美。

在苏巧巧的烤饼屋里,我见过一面她的丈夫,白白净净的一个人,听说在一所民办大学当老师,由苏巧巧出资,帮助他出了一本学术专著。我见到她丈夫的那天,正是专著出版的日子,她丈夫拿着一本来到店里,苏巧巧接过去,凑到鼻尖上闻了一下,那个贪婪样子,像是她出炉的葱油刀背肉烤饼端给一个馋嘴的食客一样。

问题好像就出在了那一本书上,先是小姑子的脸儿阴了起来,接着老爷子的脸也板了起来,虽然苏巧巧还是一如往常地精神快乐,仔细看,总有一些伪装的成分在里边。又过了些日子,小姑子的脸上有笑了,老爷子秦腔道白味儿的吆喝声更亮了,而苏巧巧忙碌的手,常会不能自已地慢下来,木炭炉里的葱油刀背肉烤饼,火候儿就差了许多,不是烤得过了火,就是烤得夹了生。长长的一条饮食街,谁还把自己的胃口寄存在他们的烤饼屋不成?

葱油刀背肉烤饼的生意明显在滑坡。

掀过年,在这个春暖花开的季节,我还到他们的烤饼屋去了两次。而这两次,再没见到精神快乐的苏巧巧,也不见了雇用的两个打工妹,有的只是她的小姑子和老爷子在苦苦支撑着他们的烤饼生意。

小姑子现在顶替了苏巧巧的位置,在烤炉上忙着。

响长安除经常招呼客人的大嗓门外,也顶替了两个打工妹的角色,为客人端饼或端汤。

在仅剩一老一小的葱油刀背肉烤饼屋里,听他们父女寡淡无味的说话,我隐约听出了事故的原因。小姑子想不明白,一样烟熏火燎地忙,挣的钱凭啥给她丈夫出那没人要的学术专著。响长安趁机夺了权,烤饼屋的收入和支出,都由他一手管,赢利的钱都在响长安的口袋里装着,这就不成了,就闹分家了。分家不成,就又要闹离婚了。

此后,好长一段日子,我再没到葱油刀背肉烤饼屋去,路过看一眼,知道那样的生意是做不长了。

果不其然,烤饼屋被那种彩色条子的塑料编织布围了起来,装修成了一家在古城很有名气的肉夹馍连锁店。好像要与这家店唱对台戏,他们刚开业,紧邻的一家拉面馆也用彩色条子的塑料编织布围起来,装修成了一个烤饼屋。我是无意中发现的,这家烤饼屋的门楣上制作了一个非常精美的门头,上边是霓虹灯的五个闪光大字：巧巧烤饼屋。

会是苏巧巧吗？我抬脚进了装修一新的屋门，发现果然是在饮食街上消失了很长时间的苏巧巧。还是她原来花色的围裙，还是她原来盘的发型，腰更细了，臀更肥了，腿更挺拔了，人好像也更精神秀美了。跟着她滴溜溜转的还是原来雇用的两个打工妹。

苏巧巧热情地向我打着招呼，我也便坐在新买的桌椅上，要了两个烤饼、一碗鸡蛋汤，像过去一样，一边仔细地品味着，一边看她艺术化的操作。我的味觉不会错，葱油刀背肉烤饼还是原来的味。我禁不住我的腿，此后又常来她的店里饱口福了。

去得多了，不免知晓了苏巧巧的一些变故。她还真是离了婚。给他出一本书就怎么了？还不是给她哥、给他儿子出书吗？犯得着那么防着我？我不是小偷，不是家贼，葱油刀背肉的烤饼手艺是我从娘家屋学来的，开办烤饼屋花的是我的下岗工龄费，我倒成了败家子！什么道理吗？她哥他儿子也不向着我说话，我和他过什么？有什么好过的？离了他我过得更好！

虽然是怨气话，却不能说苏巧巧说得不对。

巧巧烤饼屋因为她重新出山，不多久又火了起来，原来的两个打工妹不够用，就又雇用了两个，而她还坚守在油烟缭绕的烤炉前，很艺术地用刀背剁肉，揉面，团饼，烤制，忙得很快乐，忙得很美丽。

就在昨天傍晚，我走进霓虹灯闪烁的烤饼屋，就发现苏巧巧的丈夫（这时应该称其为前夫），白白净净的一个人，跟在苏巧巧的身后，说他打算把民办大学的职辞了，来和苏巧巧一起打理烤饼屋。可能在苏巧巧的身后跟得久了，话也说得多了，我看见在烤饼屋打工的四个小妹娃，全都掩着鼻子在偷笑。

我的进入，打断了那个男人的说话和小妹娃的偷笑。

却见苏巧巧拧回头来，对她原来的丈夫说：想吃烤饼了吃两个，吃过了就到学校教书去，再有书出版了，就来我这里拿钱。

         2011年2月5日 西安后村

知乎（代跋）

　　说好了的，给陕西师范大学出版总社整理一部散文集。
　　感激在心的我，最满意把我从一个媒体人，拉扯出来，义无反顾地开始文学的人生，所依凭的即是他们出版社为我出版的《碑说》了。五十多万字的读碑感受，我在媒体写来，不算难事。因为我有那个条件，还有那个机会，能够冠冕堂皇地走出去，走到九州八方的田野中去，发现那些耸立在田野上的碑刻，风吹日晒，霜打雪浸，泛滥着一派历史的顽固，还有时间的顽强，我是被那些田野上的碑刻吸引了。我一通碑刻一通碑刻地写了有近百通碑刻，写出来容易，出版出来可就不容易了。不过我是幸运的，先有广州的《随笔》杂志，专栏性发表了一些，还有《延河》等杂志也专栏性发表了一些，我整理出来，想要出版，却犯了难。好在这个时候，我认识了刘东风兄，他没二话地接受了我请托，并很快地出版出来，给我的人生做了一次新的奠基。我信心百倍地扑爬在文学的途程上，一路走来，十多个年头过去了，我有了自己的一点收获，但我知道，因为有陕西师范大学出版总社恩赏我、扶持我，才有了我的今天。

我要回报他们，而回报的方式，莫过于把自己的作文交给他们，赖着他们给我出版了。

最先给我编辑出版了《碑说》的刘东风兄，后来掌门出版社，先副总，再社长，又董事长的他，在去年的时候，嘱咐为我编辑在他们社出版了几部书作的姚蓓蕾，看我有新的作品，让她揪住了继续编辑出版。也是姚蓓蕾认真，经常地电话鞭策，所以就有了《知否》。哪承想，一部《知否》在我整理出来后，居然还有大把的小散文，堆在我的眼前，眼巴巴与我对着眼儿。要知道那可都是我点灯熬油、费心巴脑整出来的东西呢。我看着她们，小是小了点，但她们生命勃然，有血在跳动，有肉在颤动，还有神经在悸动，我能把她们怎么样呢？那就再整理一部出来吧。

厚脸皮的我，没有请示给我出版机会的刘东风兄，便又整理出一部《知乎》出来。

所以取名《知乎》，首先为了与《知否》相关联。这要怪我的小心思了。2016年5月，天津的百花文艺出版社，为我出版了一部《知道》的散文集，开本不大，却精装面世，红堂堂十分喜兴。在咱们西安市以及渭南、宝鸡等市，有那么几家中学的老师，看到了我的《知道》后，与高中毕业生的弟子们要分别了，老师给他们的弟子送礼，挑来选去，买了我的《知道》，拿来让我签名，你签一百本，他签二百本，常常把我签得手腕子发酸……去年的高中毕业季，还有老师想买《知道》，然而不论实体店还是网店，亦然售杳而不可得。当然，网店上的旧书销售网一本两本的还有售。事过两年，百花文艺出版社，在《知道》的基础上，又编辑了一部《知常》的小开本，即将与读者见面。我开心高兴这样的出版模式，因此与陕西师范大学出版总社结缘，要编辑出版《知否》了，那么再《知乎》一部吧。

《知乎》的大意，依照古文的解释，所谓"知"，即"晓得，了解，明白，懂得"等，而"乎"则为语气助词，如"吗？呢？"等。两字融和为一个词，在古籍读物中是常见的，知乎？知乎？其意在于设问，你清楚吗？你明白吗？

愿意我《知乎》一书，其中的篇章就是一个又一个设问，问读者，也问我自己，可读吗？能读吗？

心怯的我呀，期盼读者朋友的批评。

是为跋。

2019年2月24日　西安曲江